한국경제, 반전의 조건

대전환기의 위험과 대응

한국경제, 반전의 조건

김동원 지음

매일경제신문사

절망에서 희망의 길을 찾다

19세기 영국의 역사학자 토머스 칼라일Thomas Caryle, 1795~1881은 경제학에 '우울한 과학The dismal science'이라는 기막힌 별명을 지어주었다. 쉽게 말해 경제학은 '걱정의 과학'이다. 이렇게 하면, 이런 문제가 있고, 저렇게 하면 저런 문제가 있고……. 걱정만 늘어놓는 경제학자들의 정책자문에 진력이 난 미국의 트루먼Harry S. Truman, 1884~1972 대통령은 하나의 해답만을 제시할 '외팔이 경제학자'를 찾아오라고 했다는 유명한 일화도 있다. 그러나 대전환의 시대의 경제 흐름을 지켜보는 경제학자로서 세기적 변화의 물결이 밀려오는 것을 느끼면서 한국경제에 대한 걱정은 더 깊어질 수밖에 없다.

필자는 2016년 2월, 《대불황의 시대, 한국경제 어디로 가고 있는가》라는 책을 펴낸 적이 있다. 주변에서 한국경제가 어디로 가는지는 알겠는데, 그럼 어떻게 하자는 것인지 모르겠다는 지적이 있었다. 말하자면 시대의 과제를 타개할 구체적인 대안이 부족하다는 것이었다. 지난 2년간 필자의 고민은 '어떻게 희망을 만들 것인가'였다.

우려했던 바와 달리, 2017년 세계경제에 훈풍이 불어 수출이 급증하면서 경제가 다소 나아지기는 했지만, 반도체의 몫을 빼고 보면 한국경제의 본모습은 크게 달라진 것이 없다. 오히려 구조적인 문제는 더 심화된 것으로 보인다. 더구나 촛불혁명으로 박근혜 정부가 물러나고 문재인 정부가 들어서면서 경제정책의 틀이 '소득주도성장'으로 바뀌었다. 착한 정책이라고 해서 반드시 결과도 착한 것은 아니다. 이미 소득주도성장 정책은 시장의 역풍을 맞아 한국경제에 생채기를 내고 있다.

이 책은 '세기적 대전환의 시대'에 한국경제가 직면한 위험을 짚어보고 그 속에서 대안적인 희망을 모색하려 한다. 100여 년 전 전기가 산업동력으로 자리하면서 생산성혁명이 일어났듯이, 앞으로는 디지털 전환Digital Transformation이 기술혁명을 주도할 것이다. 미국은 냉전체제 붕괴 이후, 1990년대 '팍스 아메리카나Pax Americana'시대에 만들었던 세계주의Globalism를 스스로 허물고 자국 이익을 우선하는 국제정치와 세계경제 질서의 대전환을 추진하고 있다. 이로써 미국과 중국은 세계주의 체제의 파트너에서 'G1'자리를 두고 다투는 대립관계로 전환하고 있다. 특히 트럼프 대통령은 관세 부과하여 수입을 억제하는 차원을 넘어서 중국에 대한 '글로벌 공급사슬Global Supply Chain'을 옥죄어 중국의 제조업 생산역량 자체에 치명적인 충격을 주려는 전략으로 선회했다. 이에 따라 중국의 수입 1위 국가인 한국은 더 이상 미·중 무역마찰에서 자유로운 처지가 아니다. 조

만간 우리는 어느 편이든 선택을 강요받는 상황에 직면할 것이다. 따라서 필자는 2019년이 우리 사회가 대전환 시대의 높은 파고를 실감하는 한 해가 될 것으로 예상한다.

저성장 엔진에 고령화라는 무거운 짐을 싣고 선원들이 보수와 진보로 편을 갈라 싸우고 있는 한국을 향해 대전환시대의 거대한 파도가 밀려오고 있다. 여기서 갈수록 분명해질 두 가지 사실에 주목할 필요가 있다. 하나는 저성장과 고령화의 함정에 직면한 한국경제가 미·중 무역전쟁이라는 뜻밖의 복병을 만났으며, 이것이 심각한 악재로 작용할 것이라는 점이고, 또 다른 하나는 이 문제에 어떻게 대응하느냐에 따라 한국경제의 미래가 크게 달라질 것이라는 점이다. 이 절체절명의 순간을 앞두고도 지금 우리 정부와 사회는 강 건너 불 보듯 하고 있다. 국가적 대응은 고사하고 위기에 대한 인식조차 미약해 보인다. 과연 한국은 이 시대적 난제를 어떻게 극복할 것인가?

아무리 절망적인 상황에서도 반드시 해야 할 일이 있고, 바른길이 있다. 《논어論語》안연顔淵 편에서 공자는 바른 정치에 대한 물음에 '군군신신 부부자자君君臣臣 父父子子'로 답했다. 절망의 시대에 아버지가 아버지다운 길을 간다는 것은 다음 세대를 위해 기성세대가 미래에 대한 책임을 다하는 것이다. 이것이야말로 희망의 신념을 사회가 공유하기 위한 필요조건이다. 미래에 대한 책임을 망각한 사회는 미래가 없다. 자식도 용기와 도전으로 역경을 견뎌냄으로써 자식의 몫을 다해야 한다. 단기적으로는 현실을 냉정하게 받아들이되, 장기적으로 난관을 극복하고 좋은 나라를 이룰 것이라는 긍정적인 신념이 흔들리지 않아야 한다.

　세기적 대전환기의 다양한 위협에도 불구하고 한국경제는 위기를 극복할 수 있는 긍정적인 역량이 있으며, 희망으로 나아가는 길도 분명히 있다. 위기를 맞았던 여러 나라의 사례는 위기 극복의 길이 무엇인지 분명하게 보여주고 있다. 필자는 이 시대가 안고 있는 '절망'을 살피는 한편, 그 안에서 '희망의 길'을 제시하고자 고민했다. 하지만 정치적으로 우리 사회가, 또는 국민들이 그 희망을 선택할지는 다른 차원의 문제이며, 필자로서는 헤아릴 길이 없다. 경제학자로서 동원할 수 있는 지식과 정보를 모두 쏟아부어 그 위험과 희망을 이야기하는 것으로 필자의 책임을 대신하려 한다.

　경제학자로서 지난 40년간 보다 나은 세상을 만드는 데 내세울만한 공功이 없는 사람이 이제 와서, 더구나 엄청난 시대적 과제를 두고 이런저런 걱정을 늘어놓는 것이 무슨 의미가 있을까 하는 생각에 시달렸다. 하지만 지금이라도 우리 경제에 닥친 위험을 경고하고, 희망을 찾기 위한 바른말을 하는 것이 학자로서의 큰 빚을 갚음하는 길이라고 생각한다. 나의 이러한 작은 바람이 대전환의 시대, 그리고 다음 세대의 장래에 작은 길잡이가 되길 바란다.

　마지막으로 늘 제자의 부족함을 염려해주시는 스승 박영철 교수님과 김병주 교수님, 그리고 필자를 아껴주신 여러분께 감사를 드린다.

2018년 12월
김동원

차례

일러두기

1. 이 책의 맞춤법과 인명, 고유명사 등의 표기는 국립국어원 표준국어대사전과 외래어표기법을 따랐으나,
   일부 고유명사와 전문 용어는 해당 분야의 전문성을 살려 표기했다.
2. 단행본은 《 》, 논문과 신문, 영화, 노래 등은 〈 〉로 표기했다.

Ⅰ. 대전환의 시대

지금 더딘 것이 훗날 빨라질 것이다
지금의 현재는 훗날 과거가 되리라
세상의 질서는 빠르게 변해가니
지금 정상에 선 자들은 훗날 말단이 되리라
시대는 변하고 있으므로

The slow one now Will later be fast
As the present now Will later be past
The order is rapidly fadin'
And the first one now will later be last
For the times they are a-changin'

밥 딜런_{Bob Dylan}
〈The times are a changin'〉(1964)

세기적 전환기

역사는 반복되는가? 약 100년 전 세계의 국제질서와 기술, 경제 전반에 걸쳐 일어났던 대변혁이 지금 비슷한 양상으로 진행되고 있다. 경제 측면에서는 1920년을 전후하여 미국이 영국을 제치고 세계경제 1위(G1)가 되었다. 국제통화기금 IMF는 중국 국내총생산 규모가 2030년 미국 국내총생산 규모를 능가하여 G1으로 등장할 것으로 예측한 바¹ 있다. 거의 100년 만에 G1의 교체가 진행되고 있으며, 최근 진행되고 있는 미국 트럼프 대통령의 중국에 대한 무역제재는 G1의 지위를 지키기 위한 미국의 몸부림이라고 해도 과언이 아니다. 이러한 G1 교체의 이면에는 기술혁명이 중요한 작용을 한다. 20세기 초에는 산업동력이 증기에서 전기로 교체되었다. 그리고 산업동력으로서 전기는 20세기의 기계혁명을 가져왔다. 백년이 지난 오늘날에는 생산활동의 중심이 기계에서 데이터로 바뀌는 디지털혁명이 진행되고 있다. 1920년대 미국은 전기를 산업동력으로 전환하는 데 앞장서 G1에 올라섰으며, 2020년대 중국은 디지털 경제로의 전환을 통해 G1에 도전하고 있다.

4차 산업혁명

20세기에 들어서면서 미국은 전기를 산업동력으로 전환하는 대혁신을 추진했던 반면, 1760년부터 시작된 증기 동력혁명으로 세계경제의 패권을 장악했던 영국은 증기 동력의 우위에 집착하여 산업동력을 전기로 전환하는 데 소극적이었다.[2] 1903년 설립된 포드자동차가 1913년 '포드 시스템'을 구축하고 생산성 혁명을 주도함으로써 자동차산업이라는 새로운 산업을 출현시켰다. 자동차산업의 등장은 전기가 산업동력으로 안정적으로 공급되었기 때문에 가능했다. 자동차산업의 발전[3]은 '2차 산업혁명' 또는 20세기 '기계혁명'을 주도했다.

그로부터 다시 100년이 지나 2007년 스마트폰의 출현을 계기로 2010년대에 소위 '디지털 전환$_{Digital\ Transformation}$' 또는 '제4차 산업혁명'이 진행되고 있다.[4] 2차 산업혁명에서는 전기가 기술혁명의 동력이었다면, 4차 산업혁명에서는 '데이터$_{data}$'가 기술혁명의 동력으로 작용하고 있다. 4차 산업혁명의 틀은 'DANCE, Data＋Algolism＋Networks＋The Cloud＋Digital Hardware'로 집약되어 있다. 즉 빅데이터가 혁신적인 알고리즘$_{Algorism}$으로 재정리되고, 이 정리된 정보가 사람과 사람, 사람과 기계, 기계와 기계를 하나로 연결하는 네트워크$_{Network}$를 통해 전달되고, 전달된 정보가

클라우드 컴퓨팅 시스템Cloud Computing System을 통해 낮은 비용으로 쉽게 처리되어 각종 디지털 하드웨어Digital Hardware를 작동시킴으로써 인공지능AI, Artificial Intelligence 자율자동차 등을 통해 소비자들을 새로운 세상으로 이끌어가고 있다.

세계주의의 후퇴

미국 트럼프 대통령은 '아메리카 퍼스트America First'를 선거 공약으로 내걸고, 미국의 국익이 보호되도록 환태평양경제동반자협정TPP, Trans-Pacific Partnership 탈퇴와 북미자유무역협정NAFTA, North American Free Trade Agreement을 비롯한 다자 간 무역협정의 수정이 필요하다는 주장을 해왔다. 트럼프 대통령은 취임 후 2017년 8월 NAFTA 재협상을 개시했으며, 우리나라와의 자유무역협정도 재협상했다(2018년 3월 26일 FTA 개정 합의안 발표). 특히 미국의 무역수지 적자의 46%(2017년 기준)를 차지하는 중국에 대하여 다양한 무역보호 조치를 취해왔으며, 2018년 4월 3일에는 통신장비 등 1,333개 품목의 대중국 수입품에 500억 달러 규모의 관세 부과를 결정한 바 있다. 미국과 중국은 7월 6일 340억 달러 수입품에 대한 25%의 관세를 주고받았으며, 다시 8월 23일 160억 달러 수입품에 대한 25% 관세를 주고받았다. 9월 24일 미국은 2천억 달러 수입품에 대하여 10% 관세를 부과했으며, 중국은 600억 달러 수입품에 대하여 5~10% 관세를 부과했다.

흥미로운 사실은 미국이 자국의 이익을 지키기 위해 고율의 관세를 부과했던 일이 거의 100년 전에도 있었다는 점이다. 1920년대 미국이 세계경제의 패권국가로 등장했음에도 불구하고, 당시 집권당이었던 공화당은 국제적으로 고립주의를 선택했다. 특히 1930년 공화당의 후버Herbert Hoover, 1874~1964 대통령은 '스무트 홀리 관세법Smoot-Hawley Tariff Act'를 제정하여 2만 개 수입품에 대한 관세율을 53%로 인상했다. 그 영향으로 국제 무역규모는 1929년부터 1932년 사이에 무려 63%가 감소했으며, 이와 같은 국제무역 규모의 격감은 1930년대 대공황을 가속화했다.

돌이켜보면, 트럼프 대통령의 '아메리카 퍼스트' 정책은 1989년 베를린 장벽이 무너지면서부터 시작된 소련 중심의 사회주의 체제의 붕괴 이후, 미국이 주도해서 세계경제의 새로운 질서로 작용해온 세계주의의 후퇴를 초래하고 있다. 향후 미국과 중국 간의 무역

〈표 1-1〉 **대전환기의 양상**

구분	과거	현재
세계		
국제경제 질서	세계주의	국익주의
국제정치 질서	팍스 아메리카나	신냉전체제
과학 기술	아날로그 테크놀로지	디지털 전환
국내		
정치	보수주도	진보주도
사회	-	고령화·독거·비혼
남북관계	대치·긴장	평화·통일지향

다툼이 어떠한 행태로 전개되건 간에 미국 트럼프 대통령이 미국 이익 중심의 국제무역 질서를 고집하는 한 세계주의의 쇠퇴는 불가피해 보인다. 세계무역뿐만 아니라 직접투자 등 '글로벌 공급사슬Global Supply Chain' 또한 위축이 불가피하며, 세계주의의 후퇴로 세계 무역과 투자의 불확실성이 높아져 세계무역 규모의 '교역침체Slow Trade(무역증가율이 경제성장률을 밑도는 현상)'는 더욱 가속화되고 구조적으로 장기화할 가능성이 높다.

중국의 기술굴기와 G1

세계 GDP에서 중국이 차지하는 비중은 1990년 1.6%에서 2000년 3.7%, 2010년 9.2%, 2016년 14.9%로 특히 2000년대 들어 급속하게 높아져 가히 '굴기屈起'라고 할 만하다〈표 1-2〉참조). 반면 일본의 세계 GDP 비중은 1990년 12.8%에서 2000년 14.4%로 높아졌으나, 2010년 8.6%, 2016년 6.6%로 감소했다.

이러한 중국경제의 굴기는 수출에 의해 주도되었다. 세계 상품수출시장에서 중국의 비중은 1990년 1.8%로 우리나라 1.9%보다 낮은 수준이었으나 1992년 우리나라를 추월하고 2000년 3.9%로 높아졌으며, WTO 가입(2000년) 이후 급성장하여 2004년 일본, 2007년 미국, 2009년 독일을 각각 추월하여 2010년 8.6%로 세계 최대 상품수출국이 되고, 2015년 13.8%까지 치솟았다가 2017년 12.8%로 소폭 낮아졌다.

1990년대 이래 세계경제 운영의 틀이라고 할 수 있는 미국 주도

세계 GDP와 세계 상품수출시장의 주요국 비중 추이 (단위: %)

구분	한국	미국	중국	일본	독일	영국
	세계 GDP 중 주요국의 비중 추이					
1980	0.6	25.7	2.7	9.9	7.6	5.4
1990	1.1	24.5	1.6	12.8	6.5	4.9
2000	1.7	30.4	3.6	14.4	5.8	4.9
2010	1.7	22.7	9.2	8.6	5.2	3.7
2016	1.9	24.7	14.9	6.6	4.6	3.5
	세계 상품 수출시장 중 주요국의 비중 추이					
1990	1.9	11.8	1.8	8.2	12	11.8
1995	2.4	11.3	2.9	8.6	10.1	11.3
2000	2.7	12.1	3.9	7.4	8.5	4.4
2005	2.7	8.6	7.2	5.7	9.2	3.7
2010	2.7	8.3	8.6	5	8.2	2.7
2015	3.2	9.1	13.8	3.8	8	2.8
2017	3.2	8.7	12.8	3.9	8.1	2.5

자료: WTO 데이터베이스

의 '세계주의'는 세계무역이 급속도로 성장하면서 세계경제 성장의 견인차 역할을 했다. 그러나 역설적으로 세계주의는 중국경제의 굴기를 가져온 환경으로 작용한 반면, 기존 4대 경제대국(미국·일본·독일·영국)의 세계 상품 수출 비중은 모두 감소했다. 2000년부터 2017

년까지 세계 상품수출시장에서 중국의 비중은 8.9%포인트 확대된 반면, 미국·일본·독일·영국의 비중은 9.2% 감소했다. 따라서 미국 트럼프 대통령이 중국의 2000년 WTO 가입 이후 세계무역 구조가 중국에게만 유리하게 작용했다고 불만을 터트리는 것은 일면 타당한 근거를 가지고 있다고 할 수 있다.

그러나 중국의 경제규모와 수출의 굴기는 과거의 일이 되었다. 우리가 주목해야 할 양상은 중국이 더 이상 양量의 경제대국이 아니라 디지털 기술로 재무장한 기술대국으로 굴기를 도모하고 있다는 점이다. 중국 정부는 2015년 5월, '중국제조 2025Made in China 2025' 계획을 발표하고 핵심부품과 원자재의 자급률을 2025년까지 70%로 높이는 산업개발 정책을 추진하고 있다. 반도체의 경우, 2018년 현재 20%(외국투자업체 포함)에 불과한 자급률을 2025년까지 70%로 높이기 위해서 해당 분야 기업에게 5년간 세금을 면제해주는 등 강력한 지원 정책을 전개하고 있다. 이미 중국은 2018년 디스플레이와 전기차 배터리 시장에서 1위를 차지하고 양산체제로 접어들어 한국 수출기업들의 시장점유율을 위협하고 있다.

2020년이면 '중국제조 2025'가 상당한 진전이 있을 것으로 전망된다. 디스플레이에 이어서 다음에는 자동차산업이 중국 내 자급을 넘어서 세계 자동차 수출시장에 진출할 것으로 전망된다. 이와 같은 중국의 수입대체산업이 기술적으로 수입대체산업의 단계를 뛰어넘어 수출산업으로 발전할 경우, 우리나라 기업들의 중간재 중국 수출이 격감하는 것은 물론, 상당수의 품목들이 세계 수출시장에서 경쟁하는 관계로 변화할 것으로 예상된다. 이 경우 전체 수출의

27%를 중국에 의존하고 있는 우리나라 수출은 과연 어떻게 될 것인가?

갈림길에 선 한국

미국과 중국 간 무역마찰이 무역수지 불균형의 차원을 넘어 디지털 시대의 기술주도권 장악과 세계 정치경제의 주도권Global Governance 경쟁으로 비화됨에 따라 우리나라는 미국의 핵우산 보호 아래서 안보의 편익을 받는 한편, 중국에 대한 수출로 경제적 이익을 함께 얻는 것이 어려워졌다. 특히 미국이 중국에 대하여 관세 보복을 넘어서 글로벌 공급사슬을 차단하여 중국경제를 압박하기 시작하면서 중국의 1위 수입상대국 한국은 미국과 중국 사이에서 선택을 강요받는 상황이 곧 벌어질 것으로 보인다.

특히 주목해야 할 일은 2012년 중국 수입의 격감으로 세계 수출시장이 급격하게 위축되고, 2016년까지 소위 '교역침체'의 충격을 벗어나지 못했던 악몽이 2019년 재발할 수 있다는 점이다. 즉 2019년 우리나라 수출산업은 세계경제의 침체로 인한 수요 감소와 중국의 수입대체산업의 성장으로 인한 수입 감소의 충격을 동시에 직면할 위험이 높아지고 있다.

지금 세계는 기술적으로는 디지털 전환, 세계 정치경제 체제 측면에서는 세계주의의 후퇴 등 세기적 전환이라고 할 만한 중대한 변화가 진행되고 있다. 특히 중국의 '기술굴기'가 무서운 속도로 추진되면서 한국의 제조업을 추월하는 것이 머지않아 보인다. 이미 중국 기업들은 디스플레이를 비롯한 다양한 시장에서 우리 기업을 추월했으며, 반도체 산업 하나만 남아 있을 뿐이다. 미국과 중국 간의 무역마찰은 한국경제에 중요한 의미를 시사하고 있다. 미국의 지적재산권 보호와 기업 M&A 규제 강화로 중국의 기술강국 실현 계획 '중국제조 2025'는 차질이 불가피해졌다. 한편 중국은 '중국제조 2025' 추진을 통한 기술굴기의 필요성이 더욱 절박해졌다. 이러한 변화는 전환기의 양상을 더욱 복잡하게 하고 미래의 불확실성을 더욱 높이고 있다.

무엇보다 주목해야 할 부분은 현재 진행되고 있는 세기적 전환은 한국경제에게 '돌아올 수 없는 강'을 건너는 역사적 시간이 될 가능성이 크다는 점이다. 즉 세계경제 패권의 재편 과정에서 한국경제가 타격을 입고 다시는 현재의 위치를 회복할 수 없는 흐름에 빠져들 가능성이 크다.

세계경제의
장기침체 위험

IMF가 2018년 10월에 발표한 세계경제 전망[5]은 2019년에도 2018년의 성장세를 이어갈 것으로 전망하면서도 미국과 중국의 무역마찰 등으로 하방위험이 높다는 점을 지적했다(〈표1-3〉참조). 장기침체 국면에서 2016년 4분기부터 깜짝 반등을 시작했던 세계경제가 이미 2018년 후반부터 흔들리기 시작했다. EU와 일본경제는 이미 2018년 후반 하강국면으로 전환했으며, 유래를 찾기 힘든 호황을 지속하고 있는 미국경제의 성장률도 2019년과 2020년 큰 폭으로 낮아질 것으로 전망되고 있다. 세계경제가 다시 장기침체 국면에 빠질 가능성이 높은 이유는 다음과 같다.

첫째, 2016년 4분기부터 세계경제 호전을 주도해왔던 미국경제가 2019년부터 빠른 속도로 하강국면으로 돌아설 가능성이 높다.[6] 미국 GDP 성장률은 2009년 2분기부터 2017년 1분기까지 2.2%였는데, 경기가 본격적으로 호전되기 시작한 2017년 2분기부터 2018

<표 1-3> 세계경제전망

구분	기구	2017	2018	2019	2020
세계	IMF(10월)	3.8	3.7	3.7	-
	OECD(11월)	3.7	3.7	3.5	3.5
	WB(6월)	3.1	3.1	3	2.9
선진국 경제권	IMF(10월)	2.3	2.4	2.1	-
	WB(6월)	2.3	2.2	2	1.7
신흥국 경제권	IMF(10월)	4.7	4.7	4.7	-
	WB(6월)	4.3	4.5	4.7	4.7

자료: IMF,〈World Economic Outlook〉, 2018/OECD, 〈OECD Economic Outlook Projection〉, 2018/World Bank

년 2분기까지 2.9%로 높아졌다. 한편 미국의 실업률은 2016년 9월에 5.0%였으나 2017년 10월부터 빠른 속도로 낮아져 2018년 9월에는 3.7%로 1969년 12월 이래 최저수준을 기록했다. 이러한 성장률은 잠재성장률을 0.5% 이상 초과하는 높은 성장률이며, 실업률은 의회예산국이 추정한 자연실업률 4.6%보다 0.9%나 낮은 수준이다. 따라서 현재 미국경제는 장기적으로 지속되기 어려운 경기 과열 상태에 있다. 특히 최근 기업 자본재 주문 감소와 주택구매 위축, 10월 주가 하락으로 부_富의 효과 저하 등으로 미국경제의 성장세 지속에 대한 회의적 시각이 확산되고 있다. 연방준비은행 이사회는 미국 GDP 성장률이 2018년 3.1%에서 2019년 2.5%, 2020년 2.0%, 2021년 1.8%로 빠른 속도로 낮아질 것으로 전망하고 있으며, 의회예산국[7]의 예상 GDP 성장률은 2019년 2.4%, 2020년 1.8%, 2021년 1.5%로 연방준비은행 이사회의 전망치보다 더 낮다. 따라서 미국경제가 현재는 호황을 보이고 있으나 2019년부터 성장률이 큰 폭으로 낮아질 가능성이 높다는 점을 주목할 필요가 있다.

둘째, 세계경제가 다시 침체 국면에 진입할 경우, 세계경제를 부양할 수 있는 거시조정 정책을 찾기 어렵다는 문제가 있다. 2016년 4분기부터 세계경제 호전은 주로 민간소비와 수출 등 수요 측에 의해 주도되었으며, 2012년부터 장기침체의 요인이 저투자·저생산성 등 공급 측의 제약 요인에는 변화가 일어나지 않았기 때문에 경기상승 국면을 지속하는 추동력에 한계가 있다. 주목해야 할 사실은 세계경제 회복의 이면에는 선진국 중앙은행들이 장기간 실시한 금융완화Quantity Easing가 중요한 기여를 했다는 사실이다. 금융완화로 풀린 유동성은 소비와 투자 촉진 등 실물경제로 흐르지 않고 대신 금융기관들이 금융시장에서 금융자산을 매입하는 데 사용함으로써 금리 하락과 주가 상승을 가져왔으며, 이러한 금융 여건은 주택 가격의 상승을 촉진시켰다. 이러한 부富의 효과가 2016년 4분기부터 민간 소비를 촉진시켜 세계경제의 호전으로 이어졌다. 한편 금융완화는 국제금융시장의 유동성을 증가시켜 신흥국 정부와 기업들이 쉽게 자본을 조달할 수 있게 해주었다. 그 결과 신흥국들의 과다부채 문제를 더욱 심각하게 만들었다.

미국 연방준비은행은 2008년 12월부터 시작한 기준금리 0% 기조를 2015년 12월 끝내고, 2018년 9월까지 8차례나 금리를 인상했다. 그러나 유럽중앙은행ECB, European Central Bank은 2012년 7월 기준

금리를 0%로 인하했으며, 2014년 6월부터 기준금리를 마이너스로 인하하여 현재까지 지속하고 있다. 유럽중앙은행은 금융양적완화 정책을 2018년으로 종료하되 마이너스 금리는 2019년 상반기까지 지속하는 정책을 발표한 바 있다. 한편 일본은행은 2008년 12월 기준금리를 인하한 이후 2018년 11월 현재까지 같은 기준금리를 유지하고 있다.

유럽과 일본의 경우는 2017년부터 경제가 호전되었음에도 불구하고 금융정책은 여전히 2008년 세계 금융위기 이후 위기대응을 위한 양적완화와 마이너스 금리 정책기조를 유지했다. 그래서 경제가 다시 하강국면으로 전환하더라도 금융정책을 통한 경기 진작 효과는 기대할 수 없게 되었다. 세계금융위기 이후, 경기 진작을 위한 선진국들의 재정 확대는 이미 2011년 유럽 위기를 초래하여 경기대응 정책으로서 자리를 잃어버렸다. 그 후 대안으로 추진된 금융완화 정책이 종료되기도 전에 실물경제가 호전됨으로써 정책금리 수준과 경제 상황 간의 적합성이 없는 상황이 되었다. 즉 미국과 유럽의 경제상황은 완전고용 수준에 와 있으나 정책금리는 여전히 경기침체 국면에 대응하는 금리 수준을 벗어나지 못하고 있다. 그래서 다음 경기침체 국면이 도래하면 금리를 인하할 여지가 미약하여 정부의 정책대응 수단이 거의 없다는 문제를 안고 있다. 그 결과 세계경제의 다음 침체 국면은 장기화할 위험이 높다.

셋째, 이번 미국과 중국 간의 충돌로 1990년대부터 미국이 추진해온 세계주의의 후퇴와 자국 이기주의를 중심으로 하는 새로운 국제무역 질서의 모색 과정에서 수반되는 불확실성이 커지고 이 충격으로 세계무역의 침체는 불가피해 보인다. 특히 미국과 중국 간 무역마찰은 무역수지 불균형의 차원을 넘어서 세계경제 패권을 둘러싼 주도권 장악이라는 국가적 자존심을 건 다툼인 만큼 대립과 갈등이 장기적으로 심화될 가능성이 높다. 따라서 미국과 중국 간의 무역마찰은 장기적으로 글로벌 공급사슬을 침체시켜 세계경제 성장에 장기적으로 상당한 부정적인 영향을 미칠 것으로 보인다. 그리고 경우에 따라서는 제2의 교역침체가 발생하여 세계경제가 침체국면으로 전환되어 장기화할 가능성도 있다.

중국의 제조업 굴기

'중국제조 2025'

'중국제조 2025'가 국제적으로 주목을 받게 된 것은 미국 무역대표부 로버트 라이트하이저Robert Lighthizer 대표가 2018년 4월 3일 대중국 관세부과 대상 1,300개 품목의 리스트 선정 이유로 중국 정부가 '중국제조 2025'를 추진하면서 미국의 첨단산업의 지적재산권을 침해하고 불공정무역을 조장하기 때문이라고 지적하면서부터다.

2015년 5월 중국 리커창 총리는 중국 최초의 10년 산업정책인 '중국제조 2025'[8]를 발표했다. 이 보고서의 첫 문장은 이 보고서의 성격을 그대로 보여주고 있다. "제조업은 국민경제의 주체이고 입국의 기본이며, 흥국의 도구요 강국의 토대다制造业是国民经济的主体, 是立国之本兴国之器强国之基." 중국제조 2025의 핵심은 '제조업 대국大國'인 중국을 '제조업 강국强國'으로 발전시킨다는 것이다. 구체적으로 디지털 기술을 제조업에 융·복합하여 제조업의 스마트 생산기반을 구축하는 것을 목표로 하고, 제조업의 핵심 부품과 원자재 자급률을 제고하려는 계획이다. 한편 중국 국무원은 2015년에 '중국제조 2025'를 보완하는 계획으로 〈인터넷 플러스 행동계획을 추진하는 지도 의견〉과 2016년 8월 〈스미트 제조 공정지침서〉, 같은 해 12월 〈스마트 제조 발전계획(2016~2020)〉을 발표했다.

또한 2017년 2월 10일 중국 공업정보화부는 '중국제조 2025' 계획의 구체적 추진을 위해 '1+X' 가이드 라인을 발표했다. '1'은 '중국제조 2025'를 지칭하며, 'X'는 '중국제조 2025'에 대한 11개 가이드라인으로 5개 중점 프로젝트와 2개 특별실시 가이드라인, 4개 발전계획을 말한다. 2017년 11월에는 〈제조업 핵심경쟁력 강화를 위한 3개년 시행방안〉을 발표했다.

'국가자본주의' 체제의 대표적인 증거

미국 정부는 중국이 '국가자본주의State Capitalism' 체제를 근간으로 불공정 무역을 일삼고 다른 나라의 일자리를 빼앗고 있다고 비판한다. 근거로 다음과 같은 이유를 들고 있다.

첫째, '중국제조 2025'는 중국을 세계 제일의 제조강국으로 만들고자 하는 국가발전 전략이라는 점이다. 중국 국무원이 발표한 자료에 '중국제조 2025'는 3단계 전략으로 1단계는 2025년까지 독일과 일본 수준의 제조강국이 되는 것이며, 2단계는 2035년에는 미국 다음가는 제조강국이 되는 것이며, 3단계는 중국이 건국 100주년이 되는 2049년까지 중국이 미국을 추월하여 혁신을 선도하는 세계 제일의 제조강국을 건설하는 것이다. 따라서 '중국제조 2025'는 단순한 산업발전 전략의 차원을 넘어 중국이 세계 제1의 패권국가가 되기 위한 국가발전 전략이다. 이와 같이 정부가 자원배분에 강력하게 개입하여 산업을 직접 육성하는 산업정책은 시장경제 국가에서는 불가능한 정책이라는 점에서 미국은 산업 경쟁의 불공정성 문제를 제기하고 있다. 대표적인 사례로 2016년 11월 중국의 '국가개발은행'은 중국 '공업정보화부'와 협약을 맺어 '중국제조 2025' 사업을 지원하기 위해 3,000억 위안(한화 51조 원) 이상의 자금을 지원할 계획을 발표한 바 있다.

둘째, '중국제조 2025'는 제4차 산업혁명 시대에 대응하는 종합산업정책이라고 할 수 있다. 정책의 범위가 제조업의 스마트화와 생산역량 강화에 국한되는 것이 아니라 제조업 구조조정과 외국기업 투자유치, 대외투자까지 포괄하는 종합산업정책이다.

시진핑 주석은 중국 과학원 제19차 원사대회(2018년 5월 28일)에서 "관건 기술은 달라고 할 수도, 살 수도, 구걸할 수도 없다. 앞 세대가 걷지 않았던 길에 용감하게 뛰어들어 관건이 되는 핵심기술의 독자적인 통제를 실현하고 혁신과 발전의 주동권을 자신의 수중에 장악해야 한다"고 언급한 바 있다. 이와 같이 '중국제조 2025'는 단순한 산업정책이 아니라 중국의 첨단산업에 대한 기술과 생산역량의 독립성 확보를 위한 국가발전 정책이다.

그래서 미국 정부의 우려는 결코 지나친 것이 아니다. 중국은 이미 디지털 경제의 비중이 미국을 추월했다. 미국경제분석청BEA, Bureau of Economic Analysis의 발표[9]에 따르면, 2016년 미국 GDP에서 디지털 경제가 차지하는 비중은 7.8%로 추정된다. 반면 중국 정부의 발표[10]에 따르면, 중국 디지털 경제 총량이 GDP에서 차지하는 비중(2016년 기준)은 30.3%로 미국의 3.8배 수준이다. 특히 2008년 15.2%에서 8년 만에 비중이 배로 높아졌다. 중국의 디지털 경제 비중이 미국보다 높은 이유는 주로 중국의 전자상거래e-commerce 시장의 규모가 미국보다 월등히 크기 때문이다. 물론 기술 수준에 있어서는 아직 중국이 미국에 미치지 못하지만, 정부의 지원과 기업의 적극적인 투자, 그리고 거대한 내수시장을 강점으로 하는 중국의 추격을 미국이 주목하는 것은 당연한 일이다.[11]

'중국제조 2025'의 정책 안에서 제조된 상품들은 대부분 아직 수입대체 단계에 있기 때문에 관세 부과를 통한 수입 감소효과는 미미할 것으로 알려졌다. 그럼에도 불구하고 미국 정부가 지적재산권 침해와 불공정 무역의 원천으로 '중국제조 2025'를 제기한 이유는 중국의 제조업이 수입대체 단계를 넘어서 장기적으로 세계 경쟁력을 확보할 경우 첨단산업에서의 미국의 주도권이 위협받을 위험이 있기 때문이다. 따라서 미국 정부는 첨단산업에 있어 중국의 도전을 선제적으로 차단하기 위한 수단으로써 중국과의 무역 분쟁을 일으키고 있다고 보는 해석이 타당해 보인다.

04

미국과 중국의 무역전쟁

예정된 무역전쟁

돌이켜보면 미국과 중국 간의 무역마찰은 2016년 미국 대통령 선거에서 트럼프 후보가 '아메리카 퍼스트'를 핵심 구호로 내세웠을 때부터 이미 '예정된 전쟁'이었다고 할 수 있다. 트럼프 후보가 대통령 선거에서 '아메리카 퍼스트'를 대외정책 노선으로 내걸고 미국 국민의 이익과 안전을 대외정책의 최우선 가치로 천명했을 때, 대체로 미국은 물론 다른 국가들도 이 구호를 이미 지난 대선 후보들이 이미 여러 번 써먹었던 낡은 대중 영합적인 구호 정도로 치부했다. 트럼프 후보는 선거 과정에서 미국은 다른 국가들이 공짜로 편익을 누리는 동안 미국은 비용을 지불하고 부담을 참아야 하는 국제협약을 모두 체결해왔다고 비판하고 미국에 불이익을 주는 국제협약을 모두 파기하겠다고 공약했다.

트럼프 대통령은 '아메리카 퍼스트' 공약을 착실하게 이행하기 시작했다. 2017년 8월 14일 트럼프 대통령은 미국 무역대표부USTR, Office of the United States Trade Representative에 중국의 지적재산권과 기술 이전에 대한 1974년 무역법 301조 위반 실태 조사를 명령했다. 한편 2018년 2월에 발표된 〈미국 대통령의 경제보고서Economic Report of the President 2018〉는 다음과 같은 언급들을 통해 앞으로 트럼프 대통령이 '아메리카 퍼스트' 공약을 어떻게 이행할 것인가를 예고했다.

"미국 국민들은 빈 공약에 지쳤다. …(중략)… 미국은 우리의 노동자들을 뒤에 버려둔 채로 너무 오래 동안 불공정한 무역정책들을 지속해왔다. …(중략)… 우리는 더 이상 우리 노동자들을 피폐하게 만드는 불공정하고 비호혜적인 무역관행들을 묵과하지 않을 것이다."

투키디테스의 함정

역사상 G1과 G2간의 갈등과 전쟁을 분석한 《예정된 전쟁DESTINED FOR WAR: Can America and Chinese Escape Thucydides's Trap?》[12]에서 저자 그레이엄 앨리슨Graham Allison은 최강국(G1)과 도전국(G2)간의 필연적인 대립과 갈등을 '투키디테스의 함정'이라고 이름 붙였다. 이것은 "새로 부상하는 세력이 지배세력의 자리를 빼앗으려고 위협해올 때 극심한 구조적 긴장이 발생하는 현상"이라고 정의했다. 현재 미국이 중국의 일대일로·중국제조 2025·남지나해에서의 충돌·대만 그리고 북핵문제를 두고 중국으로부터 느끼는 위협과 긴장이 바로 그것이다.

미국 무역대표부의 2018년 연차보고서[13]는 '투키디테스의 함정'이 시사하는 '새로 부상하는 세력이 지배세력의 자리를 빼앗으려고

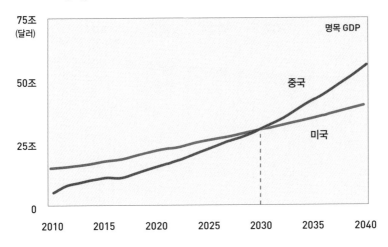

〈그림 1-1〉 **중국, 2030년 세계 최대 경제규모 국가가 된다**

자료: IMF, 《People's republic of China, Staff Report for the 2018 Article IV Consultation》, 2018

위협해올 때 발생하는 극심한 구조적 긴장을 여실히 적시하고 있다.

"중국과 러시아는 미국의 안전과 번영을 훼손하기 위하여 미국의 힘과 영향력과 이익에 도전하고 있다. …(중략)… 트럼프 대통령의 지도력하에서 우리는 중국 또는 진정한 시장 경쟁을 위협하는 정책을 쓰는 어떤 국가라도 모든 수단을 다해 좌절시킬 것이다."

더구나 IMF는 2018년 6월에 발표한 〈연례 중국경제 자문보고서〉[14]에서 중국경제 규모가 2030년 미국경제 규모를 능가하여 세계 최대 경제국(소위 G1)으로 올라설 것이라는 전망을 발표했다. 2016년 자료를 보면, 중국의 GDP 규모는 미국의 60% 수준이지만, 실질구매력기준(PPP,Purchasing-Power Parity)으로는 미국의 1.4배에 달한다. 2017년 중국의 GDP 성장률은 6.9%로 미국의 2.3%의 3배에 달한다. 앞으

⟨표 1-4⟩ **주요국들의 경제규모 순위 전망**

구분	2017	2018	2022	2027	2032
미국	1	1	1	1	2 ↓
중국	2	2	2	2	1 ↑
일본	3	3	3	4 ↓	4
독일	4	4	4	5 ↓	5
인도	7	5 ↑	5	3 ↑	3
프랑스	5	6 ↓	7 ↓	8 ↓	9 ↓
영국	6	7 ↓	6 ↑	6	7 ↓
브라질	8	8	8	7 ↑	6 ↑
이탈리아	9	9	9	12 ↓	13 ↓
캐나다	10	10	11 ↓	10 ↑	12 ↓
한국	12	12	10 ↑	9 ↑	8 ↑
인도네시아	16	16	16	13 ↑	10 ↑

자료: Centre for Economics and Business Research, ⟨World Economic League Table 2018⟩, 2017

로 중국의 성장률이 5%대로 낮아진다고 하더라도 중국의 GDP 규모가 머지않아 미국을 추월할 것이라는 전망은 그리 새롭지도 놀랍지도 않다. 다만 IMF가 공식자료로 중국의 G1 등장을 예고했다는 점에서 주목된다.

OECD가 2018년 7월에 발표한 ⟨장기 전망: 2060년까지의 세계경제의 시나리오The Long View: Scenarios for the World Economy to 2060⟩와 영국의

경제경영연구센터CEBR,Centre for Economics and Business Research의 전망〈표 1-4〉 참조)도 IMF 전망과 크게 다르지 않다.

눈에는 눈, 동일대응원칙의 대결

2018년 3월 22일 미국무역대표부는 중국의 불공정 무역관행에 대한 조사 결과를 발표했다.[15] 이 조사 결과에 근거하여 트럼프 대통령은 같은 날 WTO 제소와 중국 기업의 투자제한 및 500억 달러 관세부과 방침을 발표함으로써 이른바 '무역전쟁'은 시작되었다. 이에 대한 중국은 미국의 부당함을 지적하고 미국이 부과한 관세와 동일한 규모와 동일한 관세로 대응하겠다는 '동일대응원칙Equal scale and equal strength'을 밝혔다.

그 결과 관세 부과대상 500억 달러 중 7월 6일부터 818개 품목 340억 달러 수입품에 대해 25%의 추가관세를 실시했으며, 잔여분 160억 달러 수입품(284개 품목)에 대한 관세를 일단 유보하고 추가 검토하는 것으로 발표했다. 이에 대하여 중국 정부는 같은 7월 6일부터 미국으로부터 수입품 340억 달러 545개 품목에 대하여 추가관세 25%를 부과했으며, 미국과 마찬가지로 160억 달러(114개 품목)는 관세 부과를 유보한다고 발표했다. 중국 정부의 대응 조치에 대해 트럼프 대통령은 7월 10일 2,000억 달러(6,031개 품목) 수입품에 대하여 추가 관세 10%를 9월부터 부과할 예정이라고 발표했다. 9월 24일 미국 정부는 소비재 상당수를 포함한 중국으로부터 수입품 6,031개 품목 2,000억 달러에 대하여 관세 10%를 부과했으며,

2019년 1월부터 관세를 25%로 인상할 계획임을 밝혔다. 한편 중국 정부는 같은 9월 24일자로 미국으로부터 수입하는 600억 달러 상당 5,207개 품목에 대하여 관세 5~10%를 부과했다. 추가로 트럼프 대통령은 중국이 미국 농산물에 대하여 관세를 부과할 경우, 2,670억 달러 상당의 중국으로부터 수입하는 품목에 관세를 부과할 것이라고 밝혔다.

글로벌리즘의 파트너에서 적으로

2018년 1월 19일 미국 국방부는 〈2018 국방전략Summary of the 2018 National Defense Strategy of The united States of America〉에서 중국과 러시아를 미국의 번영과 안보를 위협하는 장기 전략적 경쟁자로 규정하고, 특히 '중국은 국가 총력적인 장기 전략으로 경제 및 군사적 역량을 키움으로써 가까운 장래에 인도-태평양 지역의 주도권을 추구하는 한편, 미래에 미국을 대신하여 글로벌 우위를 장악하려는 군사근대화 프로그램을 추구하고 있다'고 적시했다.

트럼프 미국 대통령은 9월 25일 UN총회 기조연설에서 중국이 2001년 WTO에 가입한 이후 미국은 300만 개의 일자리와 6만 개의 공장을 잃었으며, 지난 20년간 13조 달러의 무역적자를 기록했다고 중국을 비난했다. 그리고 미국 노동자들이 희생되고 미국의 부가 강탈당하는 것을 더 이상 묵과하지 않겠다고 천명함으로써 중국을 미국의 적으로 지목했다. 게다가 미국이 중국에게 G1의 자리를 넘겨주는 것은 용납할 수 없다고 밝혔다.

글로벌 공급사슬 차단으로 중국 압박하기

관세전쟁은 9월에 일단 막을 내렸다. 그러나 곧 트럼프 대통령은 관세보다 훨씬 더 복잡하고 풀기 어려운 대중국 압박전략을 시작했다. 트럼프 대통령은 대중국 압박 수단을 관세에서 글로벌 공급사슬의 차단으로 바꾸었으며, 미국과 중국 간의 일대일 대결을 시장경제 블록과 국가자본주의 체제의 비시장경제 블록 간의 대결로 전환했다. 중국이 불공정 무역관행을 일삼는 원인은 중국의 국가자본주의 체제에 있기 때문에 미국과의 공정한 무역 관행을 정착하기 위해서는 중국의 국가자본주의 체제가 시장경제 체제로 전환해야 한다는 뜻이다. 나아가 중국의 국가자본주의 체제 때문에 비슷한 손해를 보고 있는 시장경제 블록 국가들이 단합하여 중국에 대한 글로벌 공급사슬을 끊음으로써 중국의 체제 전환을 공동으로 압박해야 한다는 것이다.

미국은 먼저 2018년 9월 25일 한미 FTA 개정에 합의하고 이어서 9월 30일 캐나다·맥시코와의 NAFTA 개정에 합의했다. 이 두 가지 무역협정의 개정이 예상보다 빠르게 마무리된 이유는 우선 시장경제 블록을 구축하는 자체가 시급했기 때문으로 보인다. 다음 차례는 EU와 일본이다. 트럼프 대통령은 캐나다와 맥시코는 물론 EU와 일본까지 대중국 무역응징의 블록에 편입시켜 미국 중심의 연합세력을 편성하여 세계 무역시장에서 중국을 고립시키려는 장기 전략의 국면에 들어섰다.

미국 중심의 글로벌 공급사슬 형성

글로벌 공급사슬에서 중국을 압박하는 전략은 두 가지 경로가 있다. 첫째는 중국에 대한 상품과 서비스의 수출을 통제하거나 지적재산권의 거래와 기업 투자를 제한하는 것이며, 둘째는 원산지 증명 등으로 중국에 진출해 있는 외국기업들을 압박하는 것이다. 2015년 말 현재, 83만 6,000개에 달하는 중국 진출 외국기업들은 의외의 난관에 직면해 있다. 특히 미국 기업의 경우, 장기경영전략이 심각한 불확실성에 직면했다. GM은 2017년 미국에서 300만 대를 생산하고, 중국에서 404만 대를 생산했다. GM은 중국시장을 포기하고 미국으로 복귀할 것인가? 아니면 미국 정부의 압박 속에서도 중국시장에서의 생산을 계속할 것인가?

트럼프 대통령의 '아메리카 퍼스트' 정책이 요구하는 것은 중국에서 활동 중인 외국 기업들이 중국을 떠나 미국으로 돌아옴으로써 미국 중심의 글로벌 공급사슬을 확립하는 것이다. 그래서 미국은 무역수지의 개선은 물론, 잃었던 일자리와 소득과 세금을 함께 얻음으로써 미국경제의 지속적인 성장기반을 강화할 수 있다.

중국에 진출한 미국 기업들이 미국으로 생산기지를 옮기는 것은 많은 비용을 수반한다. 애플의 아이폰7의 경우, 미국에서 생산할 경우 생산비가 최소 14%가 상승한다는 보고가 있다.[16] 따라서 아메리카 퍼스트 정책이 기업과 일자리를 미국으로 돌아오게 만들기는 어려워 보인다.

트럼프 대통령의 전화와 대반전

2018년 11월 2일 트럼프 대통령이 전화로 시진핑 주석과 "길고 매우 좋은 대화long and very good conversation"를 했다는 트위터 뉴스는 세계 증권시장을 기쁘게 했다. 더구나 트럼프 대통령은 전화 회담의 좋은 분위기가 11월 30일로 예정되어 있는 아르헨티나의 G-20 정상 회담으로 이어질 것임을 트위터 메시지로 밝힘으로써 회담 성과에 대한 기대가 한층 높아졌다. 그렇다면 과연 지난 3월 22일 트럼프 대통령이 중국 수입품 500억 달러에 대하여 관세를 부과하겠다는 발표로 시작된 미·중 무역마찰은 G-20 정상회담을 계기로 화해의 대반전을 이룰 수도 있을 것이다.

주목해야 할 사실은 트럼프 대통령의 요구에도 불구하고 여전히 중국 정부의 구체적인 협상 목록이 오지 않았을 뿐만 아니라 30일 정상회담 이전에 합의안을 준비할 시간 여유도 충분하지 않다는 점이다. 그럼에도 불구하고 트럼프 대통령이 시진핑 주석과의 화해에 적극 나선 이유는 중간선거를 불과 일주일 앞두고 자신의 중요한 업적으로 내세우는 증권시장의 상황이 주가 폭락 등으로 심각하다는 점을 외면할 수 없었기 때문으로 해석된다. 한편 시진핑 주석은 미국 정부의 관세 공격에 수세에 몰려 있을 뿐만 아니라 중국 경제가 위안화 가치 하락과 주가 하락으로 흔들리고 있는 상황에서 트럼프 대통령의 전화는 반가운 일이 아닐 수 없었을 것이다. 즉 지금 양국 지도자는 자국 국민들에게 무언가 긍정적인 신호를 보내야 할 정치적 필요성과 시간이 필요하다는 데 이해가 일치한 것으로 보인다.

시간벌기가 될 가능성이 높은 트럼프와 시진핑 회담

G-20에서의 정상회담은 포괄적인 화해의 회담이 될 수는 있으나, 미국과 중국 간의 무역마찰을 완화하는 구체적인 성과를 보일 가능성은 낮아 보인다. 근본적으로 트럼프 대통령은 '어메리카 퍼스트' 정책을 양보할 수 없다. 마찬가지로 시진핑 주석은 '중국몽中國夢'을 포기할 수 없다. 더구나 미국과 중국 간의 갈등의 범위는 무역수지 불균형 문제와 첨단기술 경쟁뿐만 아니라 대만과 남지나해를 둘러싼 군사적 갈등, 북한 핵 문제를 둘러싼 대립에 이르기까지 광범위한 영역에 걸쳐 있다. 구체적으로 현재 미국이 장악하고 있는 국제정치와 세계경제의 주도권에 대하여 중국이 도전하고 충돌하는 글로벌 거버넌스global governance의 주도권에 대한 갈등이 문제의 본질인 만큼 어느 나라도 무릎을 꿇어 자국민들을 실망시키는 정치적 패배를 감당할 수 없을 것이다.

G-20 정상회담이 포괄적인 화해의 성과로 모양을 갖출 경우, 미·중 무역마찰의 속도를 어느 정도 완화하는 효과가 있을 것으로 예상된다. 그러나 결코 갈등과 충돌의 방향이 변할 수는 없다. 무역수지의 문제는 상당 부분 조정이 가능하다. 그러나 기술과 지적재산권 도용 문제는 먼저 중국의 기술도용 관행 자체를 인정하는 것이 전제되어야 재발방지 약속이나 새로운 제도적 장치에 합의할 수 있기 때문에 타협하기 어렵다. 더구나 국가자본주의state capitalism의 산업정책에 의한 국영기업들의 사업관행 문제는 근본적으로 중국 정부의 경제운영 방식의 틀에 관한 문제이기 때문에 시정하기 더욱 어렵다. 가령 중국 정부가 '중국제조 2025'를 포기하거나 후퇴하는

정책 수정은 합의할 수 없을 것이다. 특히 국영기업들의 기술개발에 대한 조세 및 금융지원을 중단하는 문제는 사실상 중국의 '기술굴기' 정책을 근본적으로 수정하는 것과 같다. 따라서 중국 정부는 합의하기 어렵다.

중국이 양보할 수 있는 선은 미국산 여객기와 대두 등의 수입을 확대하고, 시장 개방의 자유화 범위를 확대하는 정도로 보인다. 그러나 이미 전선이 확대되어 그 정도로는 트럼프 대통령이 미국 국민들에게 잘 싸워서 큰 성과를 거두었다는 말을 듣기는 어려울 것이다. 그래서 협상은 타결되기 어려워 보인다.

정상회담 이후에도 양국의 긴장은 계속될 것이며, 9월 24일 단행한 수입품 2,000억 달러 품목에 대한 10% 관세를 25%로 인상하는 조치가 2019년 초에 시행될 수 있다. 그럴 경우, 중국 정부는 기존의 1,100억 달러 수입품에 대한 관세를 인상하거나 미국에 중요한 일부 품목에 대한 수출금지 조치를 단행할 것이다. 그러면 미국 정부는 남은 2,670억 달러 상당의 수입품목에 대하여 관세를 부과하는 결정을 내릴 것이며 이에 대해 중국은 남은 400억 달러 상당의 수입품목에 대한 과세 부과로 대응할 수밖에 없을 것이다.

무역전쟁의 귀결

미국은 자동차 관세 부과를 조건으로 일본과 EU를 위협하고 있으나 일본과 EU는 미국에 대한 의존도가 캐나다나 멕시코와 다를 뿐만 아니라 중국과의 이해관계도 크게 다르다. 그런 만큼 미국을 중심으로 한 글로벌 공급사슬의 구축은 상당한 반발과 난관을 안고 있다. 그럼에도 불구하고 정치적으로 일단 아메리카 퍼스트 전략은 중국을 압박하여 세계무역 판도를 뒤흔드는 결과를 가져왔고 미국 국민들에게 가시적인 희망을 주었다는 점에서 성공적으로 평가된다. 그래서 민주당 정부가 집권하더라도 미국의 이익을 우선하는 정책기조는 계속될 가능성이 크다는 전망이 지배적이다.

세계경제를 뒤흔들고 있는 미·중 무역전쟁은 언제 어떤 모습으로 끝날 것인가? 단기적으로는 미국의 승리가 확실해 보이지만, 장기적으로는 승자를 예단하기 어렵다. 장기로 갈수록 미국이 추구하는 글로벌 공급사슬의 압박을 지속하는 것은 어려워지는 반면, 중국은 국가자본주의를 혁신하는 대신 중국경제의 취약 부문을 개선하고 효율성을 제고함으로써 경쟁력을 강화하여 미국에 대한 대항력을 높일 가능성이 크다. 특히 미국 내부에서 대기업들이 반발하여 트럼프 행정부의 입장을 어렵게 할 수도 있다.

미국은 중국에 협상 목록을 제시하고, 중국의 해답을 요구하고 있으나, 문제는 협상 목록이 공정한 산업정책과 시장 접근과 개방을 촉진하는 선을 넘어서 중국 국가자본주의 체제 자체의 변화를 요구한다면, 중국은 물러설 수 없다. 그렇기 때문에 미국과 중국의 대결은 무역전쟁에 군사적 대치를 포함한 신냉전체제의 갈등까지 가중하여 더욱 복잡하고 불확실한 장기전으로 갈 가능성이 크다. 그래서 세계경제의 불확실성은 장기적으로 확대되어 세계경제의 장기침체를 가져올 위험이 커지고 있다.

05

중국의 위기는 곧
한국경제의 위기

미국과 중국 간 무역마찰로 '대전환 시대'의 물결이 더욱 거세게 한국을 몰아치고 있다. 미국이 대중국 압박수단을 관세 부과에서 글로벌 공급사슬의 축소로 확대함에 따라 미국과 중국 간의 무역마찰이 한국경제에 더 이상 '강 건너 불'이 아니라 '발등의 불'로 옮겨붙는 것도 시간문제로 보인다. 또한 미국이 중국의 지적재산권의 침해를 관세 부과의 명분으로 들고 나온 만큼, 중국의 입장에서는 '기술굴기'가 더욱 절박해졌으며, '중국제조 2025'는 전략적으로 더욱 중요해졌다. '중국제조 2025'의 추진이 속도를 낼수록 중국의 수입대체 산업의 발전은 더욱 박차를 가할 것이며, 이것은 곧 한국에 '대중국 수출의 절벽'이 다가오고 있음을 의미한다.

한편 세계무역질서에서 미국과 중국의 관계가 협력관계에서 대립관계로 변화함에 따라 미국과 한국, 특히 한국과 중국의 관계도 변화가 불가피해졌다. 국제정치와 경제 질서의 패권을 둘러싼 미국과 중국과의 대립이 심화됨에 따라 안보는 미국에 의존하고, 경제는 중국에 의존하는 한국의 이중적 국가전략을 이어갈 여지는 갈수록 좁아지고 있다.

무역마찰이 중국경제에 미치는 충격

중국의 GDP성장률은 2018년 1분기 6.8%에서 3분기 6.5%로 낮아져 2009년 이후 가장 저조한 성장률을 보였다. 고정자산 투자는 전년 동기간대비 2017년 1월에서 10월까지 7.3%에서 2018년 1월에서 10월까지 5.7%로 낮아졌다. 산업생산지수는 전년동기 대비 4월 7%에서 10월 5.9%로, 제조업구매자지수_{PMI, Purchasing Manager's Index}는 2018년 5월 51.9에서 10월 50.2로 대폭 감소하여 제조업 활동이 현저하게 위축되고 있다. 한편 금융시장에서는 무역마찰에 본격화하기 직전인 3월 말 대비 10월 말 달러에 대한 위안화 환율은 10.9%, 상해종합주가지수는 1월 고점에 비하여 11월 13일 25%나 하락했다. 무역마찰이 본격화한 4월 이후 중국의 경제동향을 정리해보면, 투자와 산업생산은 위축되는 움직임을 보이고 있으며, 환율과 주가 등 금융시장의 불안감이 상대적으로 더 심각하다. 아직 무역마찰의 충격이 본격화하지 않았음에도 불구하고 하방위험이 뚜렷한 중국경제의 반응은 앞으로 무역마찰의 충격이 본격적으로 미치거나 또는 사태가 더 악화될 경우 안정을 낙관하기 어려워 보인다.

IMF가 10월에 발표한 〈세계경제전망보고서_{World Economic Outlook}〉에 따르면, 무역마찰 사태가 현재 상태에서 멈춘다고 하더라도 중국의

구분		2018	2019	2020	2021	2022	2023	장기
최소	미국	-0.11	-0.15	-0.16	-0.16	-0.16	-0.16	-0.28
	중국	-0.16	-0.56	-0.46	-0.32	-0.24	-0.23	-0.31
	세계	-0.06	-0.11	-0.12	-0.11	-0.09	-0.08	-0.12
최대	미국	-0.23	-0.91	-0.95	-0.77	-0.62	-0.56	-0.90
	중국	-0.43	-1.63	-1.41	-0.91	-0.59	-0.51	-0.60
	세계	-0.29	-0.78	-0.82	-0.59	-0.41	-0.32	-0.38

자료: IMF, 〈World Economic Outlook〉, 2018

GDP는 최소 2019년 0.56% 감소할 것이며(〈표 1-5〉 참조), 최악의 경우에는 무려 1.63%나 감소할 것으로 전망했다. 한편 세계경제는 최소 2019년 0.11%, 최대 0.78% 감소할 것으로 예측되었다.

무역마찰이 2019년 성장률에 미칠 충격

IMF의 예측에서 가장 주목되는 부분은 무역마찰로 중국의 성장률이 2019년 최소 0.56% 하락할 것이라는 점이다. 이것은 우리나라 성장률이 중국의 성장률 감소로 인하여 2019년 최소 0.25%가 저하된다는 것을 의미한다. 2018년 1~3분기 GDP 성장률은 2.51%이며, 이중 수출의 성장기여도는 1.72%포인트, 수출의 중국 비중이 27%이므로 대중국 수출의 성장기여도는 0.46%로 산출된다.

〈그림 1-2〉 **미·중 무역마찰이 한국경제에 영향을 미치는 경로**

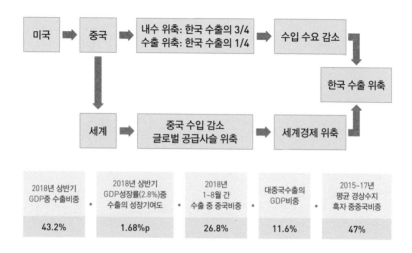

따라서 2019년 수출증가율이 0%로 낮아진다면, 우리 경제의 성장률이 0.46% 감소한다는 추정이 가능하다. 이러한 추정의 타당성은 2012년의 경험에 근거하고 있다. 대중국 수출증가율은 2011년 14.8%에서 2012년 0.1%로 격감했다. 그 결과 2011년 19%에 달하던 우리나라 수출증가율이 2012년 1.3%로 뚝 떨어졌으며, GDP 성장률은 2011년 3.7%에서 2012년 2.3%로 낮아졌다. 따라서 2012년의 경험에 비추어볼 때, 무역마찰과 세계경제의 후퇴로 2019년 우리나라의 대중국 수출증가율이 0%일 수 있으며, 그 결과 우리나라 성장률이 0.25% 내지 0.46% 감소할 수 있다는 전망은 결코 지나치게 비관적인 추정이 아니다.

중국 제조업의 추월

다음으로 주목해야 할 부분은 '중국제조 2025'의 추진으로 중국의 수입대체산업이 급속하게 발전하여 조만간 기술 수준에서 한국의 제조업을 추월함으로써 한국으로부터 수입했던 중간재의 범위가 대폭 축소될 가능성이 크다는 점이다. 2018년 1월부터 9월까지 대중국 수출의 1/3이 반도체였으며, 중국은 우리나라 수출시장의 27%를 차지하고 있다. 그중 대중국 수출품의 78.9%를 중간재가 차지하고 있다〈표 1-6〉참조〉. 따라서 중국의 수입대체산업의 발전은 우리나라의 수출 감소와 직결되는 문제다. 이미 디스플레이와 전기차 배터리 분야에서는 중국 기업들이 한국 기업들을 밀어내고 있다. 그 다음 차례는 자동차와 반도체로 예상된다. 중국은 2019년 10월부터 플래시메모리 반도체의 양산을 예고하고 있으며, 자동차의 본격적인 수출도 예상되고 있다. 특히 중국 정부는 삼성전자와 SK하이닉스에 대하여 불공정거래 증거를 포착했다고 발표함으로써 대

〈표 1-6〉 **대중국 수출 가공단계별 구조** (단위: %)

구분	중간재		최종재	
	반제품	부품·부분품	자본재	소비재
2001	56.5	21.2	11.9	2.7
2011	30.1	38.6	19.8	3.8
2016	26.4	51	16.3	3.3

자료: 한국산업은행, 〈수출입 구조로 본 중국 제조업의 국제분업상 변화〉, 2018

규모 벌금을 예고한 것이나 다름없다.

늦어도 2020년부터는 '중국제조 2025'의 충격이 우리나라의 대중국 중간재 수출시장뿐만 아니라 세계 시장에서 가격과 물량으로 한국의 수출을 압박할 가능성이 크다.

'제2의 사드 사태' 발생 가능성

미국과 중국의 무역마찰이 우리 경제에 미칠 영향에 가운데 숨어 있는 폭탄은 '제2의 사드 사태'가 발생할 위험이 있다는 점이다. 트럼프 대통령은 대중국 무역전쟁의 표적을 무역수지 불균형 문제에서 지적재산권 도용과 불공정경쟁 문제로 이동하고 있다. 이러한 전략은 여러 가지 중요한 의미를 가지고 있다. 무역수지 불균형에 대해서는 관세부과가 주된 응징수단으로 양국이 같은 날짜에 비슷한 금액의 수입품에 관세 부과를 주고받았다. 그러나 지적재산권과 불공정경쟁 문제를 표적으로 하면, 미국은 국가안보 차원까지 시계를 넓혀 응징할 수 있는 반면, 중국은 마땅한 대응수단이 없다. 또 무역수지 불균형 문제는 미국과 중국, 두 나라 사이의 문제이지만 지적재산권 보호와 불공정경쟁 문제는 미국만 국한되는 문제가 아니라 다른 무역상대국들도 공통의 이해관계를 가지고 있기 때문에 다른 나라들을 끌어들여 중국을 응징할 수 있는 명분이 생긴다. 중국의 지적재산권 도용과 불공정 관행은 '국가자본주의'의 운영에서 발생하는 문제인 만큼 국가자본주의 체제를 시장경제 체제로 전환하지 않는 한 근원적인 문제를 해결하기 어렵다. 트럼프 대통령은 시장경제 블록을 형성하여 공동으로 글로벌 공급사슬의 압박을 통해 중국의 국가자본주의 체제의 변화를 요구해야 한다는 입장이다. 미국이 캐나다·멕시코와의 무역협정을 조기에 'USMCA'로 타결한 이유도 시장경제 블록의 형성이 급했기 때문이다. 다음 차례는 EU와 일본이다.

한국은 중국 상품수입의 9.6%(2018년 1월에서 9월까지)를 차지하는 수입 1위 상대국가다. 그런 만큼 트럼프 대통령이 글로벌 공급사슬로 중국을 압박하는 전략을 추진한다면, 대중국 공급사슬에 가장 중요한 역할을 하는 한국의 대중국 수출에 대해서도 시장경제 블록에의 동참을 요청할 것이 불을 보듯 뻔하다. 더구나 미국은 한국을 설득할 수 있는 다양한 수단들을 가지고 있다. 특히 한국과 미국 간 자유무역협정을 개정했음에도 불구하고 미국의 무역확장법 232조(안보 차원에서 관세 부과 또는 수입 금지 조치를 단행하기 위한 조사권)의 적용 가능성은 여전히 남아 있다는 점을 주목할 필요가 있다.

그렇다고 우리나라가 미국이 주도하는 시장경제 블록이 참여한다면, 중국은 이를 결코 묵과하지 않을 것이다. 분명 '제2의 사드THAAD 사태'가 발생할 것이며, 그럴 경우 우리 경제가 심각한 타격을 입을 것 또한 자명하다.

Ⅱ. 장기 저성장시대가 온다

"어떤 정책은 장기적으로 높은 성장을 가져올 수 있음에도 불구하고 단기적으로는 현저한 성과를 보이지 못함으로써 그 정책을 지속적으로 추진 해야 할 정치적 유인을 상실하기도 한다. 장기적 으로 지속가능하고 포용적인 성장은 장기적 목 표와 단기적으로 긴요한 정책들 간의 균형을 잘 유지함으로써 실현 가능하다. 앞으로 20년 안에 세계가 어떻게 될지를 논의하는 것은 이론적인 연습이 아니라 미래를 준비하기 위해 오늘 무엇 을 해야 하는지를 찾는 실천적인 일이다."

IMF, "More People, More Technology, More Jobs: How to build Inclusive Growth", 2017

06

왜 한국만 고용난인가

2017년 한국경제는 놀라운 부활을 보였다. 수출이 15.8% 증가하여 세계 수출시장 점유율이 2016년 3.1%에서 2017년 3.5%로 높아졌으며, 그 결과 세계 수출비중 순위는 8위에서 6위로 도약했다. 수출주도 성장의 덕분에 GDP 성장률은 2016년 2.8%에서 2017년 3.1%로 높아졌다. 그럼에도 불구하고 고용사정은 개선되지 않았다.

주요 선진국들, 기록적으로 낮은 실업률

반면에 주요 선진국들의 고용 상태는 세계 금융위기 이전 수준은 말할 것도 없거니와 지난 수십 년 이래 가장 양호한 상태를 보이고 있다. 2018년 9월 미국의 실업률은 3.7%로 1969년 12월 이래 최저수준이다. 더구나 〈월스트리트저널Wall Street Journal〉의 조사[1]에 따르면 2019년 12월 3.6%, 2020년 12월 3.8%를 유지할 것으로 전망되고 있다.

일본의 2018년 9월 실업률은 2.3%(계절 조정)를 기록했다. 특히 5월 실업률 2.2%는 1992년 5월 2.1% 이후 가장 낮은 수준으로, 일본이 이른바 '잃어버린 20년'의 지긋지긋한 그늘에서 완전히 벗어났음을 보여준다는 점에서 주목된다.

독일의 2018년 9월 실업률은 3.3%로 2016년 9월 3.7%에서 개선된 상태를 지속하고 있으며, 실업률 3.3%는 1991년 이래로 가장 낮은 실업률이다. 영국 역시 2018년 6월에서 8월까지의 실업률이 4.0%로 2016년 4분기 실업률 4.8%보다 크게 개선되었을 뿐만 아니라 1974년 12월에서 1975년 2월 이후 가장 낮은 실업률을 기록했다.

2018년 3분기와 세계무역이 급증하기 직전이었던 2016년 3분기의 OECD 국가들의 실업률을 비교해보면, OECD 전체로 보면 1%가 낮아졌으며, EU(28개국)은 1.58%가 낮아졌다. 실업률이 가장 크게 낮아진 국가는 스페인으로 3.9%나 낮아졌으며, 그리스 등 2008년 세계 금융위기에 큰 충격을 받은 국가들의 실업률도 상당히 개선되었다. 2008년 세계 금융위기의 상처가 2017년부터 이어진 세계 수출 붐으로 치유되는 모습을 보이고 있다(〈표 2-1〉 참조).

OECD 실업률, 한국 포함 2개국만 악화

주목해야 할 사실은 OECD 36개국 중 2018년 3분기와 세계무역이 급증하기 직전인 2016년 3분기의 실업률을 비교했을 때, 실업률이

〈표 2-1〉 **OECD 국가들의 실업률 변화**   (단위: %)

구분	2018년 3분기(Ⅰ)	2016년 3분기(Ⅱ)	Ⅰ - Ⅱ
OECD Total	5.31	6.33	- 1.02
EU(28)	6.90	8.48	- 1.58
미국	3.88	4.93	- 1.05
독일	3.47	4.18	- 0.71
일본	2.37	3.03	- 0.66
영국	3.95	4.78	- 0.83
프랑스	9.06	10	- 0.94
캐나다	5.90	7	- 1.10
핀란드	7.24	8.62	- 1.38
네덜란드	3.91	5.91	- 2.00
이탈리아	10.88	11.86	- 0.98
그리스	26.38	23.34	- 3.83
포르투갈	7.01	10.83	- 3.82
스페인	15.44	19.37	- 3.94
남아프리카공화국	26.38	26.92	- 0.54
칠레	6.88	6.56	+0.33
대한민국	4.00	3.77	+0.23

높아진 국가는 한국과 칠레 단 두 나라뿐이었다. 2017년 세계 수출 시장에서 점유율을 가장 많이 높인 한국의 고용상태는 오히려 악화되었다는 사실을 어떻게 설명할 수 있는가?

수출증가율로만 본다면 2017년의 한국경제는 '이보다 더 좋을 수 없다'. 수출이 16% 증가했음에도 고용이 개선되지 않았는데, 앞으로 세계경제의 성장 둔화로 한국의 수출증가율이 둔화될 경우 고용사정이 더욱 어려워질 것은 자명한 일이다.

왜 고용상황이 악화되고 있는가?

2018년 8월 고용통계는 고용상황이 세계 금융위기의 충격이 컸던 2010년 이후 가장 심각한 상태임을 드러냈다. 취업자 증가 수는 1년 전에 비해 3,000명에 그쳐 2010년 1월 이후 최소를 기록했으며, 실업률은 4.0%로 8월 기준으로 2000년 이후 최고수준을 보였다. 9월 취업자 증가 수가 4만 5,000명으로 증가하였으나 실업자 수가 100만 명을 초과하는 상태가 9개월을 지속하는 것은 2000년 3월 이후 처음 있는 일이며, 9월 기준 실업률 3.6%도 2000년 이후 최고수준이다. 앞서 살펴본 바와 같이 선진국들은 세계경제 회복과 더불어 고용사정이 크게 개선된 반면, 유독 우리나라만 고용 상태가 악화되고 있는 이유는 무엇인가?

첫째, 내수시장과 서비스산업의 비중이 선진국들보다 상대적으로 낮기 때문이다. 민간소비의 GDP 비중을 비교해보면, 2017년 기준으로 우리나라는 47.8%를 차지하는 반면 일본은 55.5%, 독일은

72.7%, 미국은 69.5%를 차지하고 있다. 특히 미국의 경우 GDP 성장률이 2017년 2.3%를 기록했는데 민간소비의 성장률 기여도는 1.88%포인트로 성장률의 82%를 차지하고 있다.

둘째, 한국경제가 수출-성장-고용이 같은 방향으로 함께 움직이는 것이 아니라 각기 다른 방향으로 움직이는 삼분화trichotomy 구조로 이행했을 가능성이 있다. 2017년에는 수출이 증가해도 수출기업들의 '글로벌 공급사슬' 때문에 부품 수입과 생산을 확대하려면 장비를 수입하는 설비 투자가 증가함으로써(2017년 수출증가율 15.8%, 수입증가율 17.8%) 오히려 성장률을 낮추는 '마이너스 순수출의 기여도'가 커지는 구조가 나타났다(2017년 순수출의 GDP 성장률 기여도는 –1.7%로 내수의 성장기여도 4.8%를 잠식하여 결과적으로 3.1% 성장률을 기록했다). 이와 같이 수출과 성장이 분리되는 한편, 수출 증가가 특정 소수 장치산업에 집중됨으로써 수출이 크게 증가해도 고용은 늘지 않는 구조가 정착해가고 있다.

셋째, 수출-성장-고용이 삼분화하는 구조의 근본 원인은 글로벌 경쟁력을 가진 소수 산업과 글로벌 경쟁력이 없는 대부분 산업 간의 양극화에 있다. 글로벌 경쟁력을 확보하고 있는 소수의 특정 산업과 기업이 수출 증가를 주도하는 한편, 글로벌 경쟁력이 없는 다수의 기업과 내수 산업의 침체가 심화됨으로써 고용 증가가 발생할 수 있는 산업의 범위가 구조적으로 축소되는 쪽으로 진행된 결과라고 할 수 있다. 이러한 양상은 성장률이 높아진다고 하더라도 국민들의 삶의 질의 개선과는 갈수록 분리되는 결과를 낳는다는 점에서 깊이 생각해볼 필요가 있다.

세계경제의 호전으로 인해 대부분의 국가들에서 고용이 개선되었음에도 불구하고, 2017년 세계에서 가장 높은 수출증가율을 기록한 한국만 고용 상태가 개선되지 않았다는 것은 한국경제의 구조적인 문제가 가장 극적으로 드러난 대목이라고 할 수 있다. 한마디로 일자리를 창출할 수 있는 역동성을 잃은 경제가 되었다는 말이다.

일자리는 어디서 오는가? 한국과 미국 비교

한편 세계경제의 호전이 가져온 고용 구조의 변화를 알기 위해 2016년 7월과 2018년 7월의 한국과 미국의 고용구조의 변화를 비교해 보았다. 지난 2년간 취업자 수는 미국이 3.2% 증가한 반면, 한국은 1.8% 증가했다. 뿐만 아니라 주목되는 양상〈표 2-2〉참조)은 미국은 증가된 일자리의 20%가 기업경영·전문서비스·사업서비스 등 기업 활동과 직접 관련된 산업에서 생겨난 반면, 우리나라는 일자리 증가분의 22%를 정부, 또 정부 지원으로 운영하는 보건서비스 산업의 일자리 증가가 44%를 차지하고 있어서 사실상 정부 부문이 일자리 증가의 66%를 차지하고 있다. 반면에 기업 활동을 지원하는 서비스 분야의 일자리는 오히려 감소했다. 특히 미국의 16~24세 실업률은 2010년 19.1%에서 2018년 9.2%로 낮아져 1966년 8.8%를 기록한 이후 50년 만에 최저수준을 보이고 있다. 반면 우리나라 20~24세 실업률은 7월 10.8%로 미국의 16~24세 실업률 9.2%보다 월등히 높다. 전체 실업률에서 7월 우리나라 3.7%로 미국 3.9%보다 낮다는 점을 고려해본다면, 우리 경제의 청년실업 문

〈표 2-2〉 **한국과 미국의 산업별 취업자 증감** (단위: 천 명, %)

구분	한국				미국nonfarm payrolls			
	2016. 7(Ⅰ)	2018. 7(Ⅱ)	Ⅱ-Ⅰ	구성비(%)	2016. 7(Ⅲ)	2018. 7(Ⅳ)	Ⅳ-Ⅲ	구성비(%)
농업 (미·광)	1,402	1,468	66	13.8	662	748	86	1.8
제조업	4,464	4,484	20	4.2	12,444 (1,054)	12,825 (1,076)	381 (22)	8.2 (0.5)
건설업	1,875	2,040	165	34.4	6,989	7,500	511	11
도소매	3,770	3,743	-27	-5.6	21,754	21,977	223	4.8
운수업	1,398	1,388	-10	-2.1	4,958	5,254	296	6.4
숙박음식	2,330	2,276	-54	-11.3	13,799	14,434	635	13.6
정보[1]	811	838	27	5.6	2,815 (305)	2,788 (331)	-27 (26)	-0.6 (0.6)
금융	809	851	42	8.8	6,182	6,353	171	3.7
부동산	581	536	-45	-9.4	2,200	2,299	99	2.1
전문서	1,124	1,100	-24	-5.0	8,848	9,258	410	8.8
기업경영	-	-	-	-	2,265	2,352	87	1.9
사업서	1,293	1,295	2	0.4	9,067	9,538	471	10.1
교육서	1,834	1,857	23	4.8	3,256	3,398	142	3.1
보건사	1,881	2,093	212	44.2	19,067	19,906	839	18
예술여가	415	443	28	5.8	2,622	2,729	107	2.3
기타	1,280	1,526	246	51.2	6,319	6,500	181	3.9
정부	1,041	1,145	104	21.7	21,000	21,044	44	0.9
전체	26,603	27,083	480	100	144,248	148,901	4,653	100

1) 출판, 영상, 방송통신 및 정보서비스

제가 미국보다 훨씬 더 심각한 상태라는 것을 알 수 있다. 이렇듯 미국과 우리나라의 취업 동향과 구조의 변화 양상은 우리 경제의 역동성이 미국경제의 역동성에 크게 미치지 못한다는 것을 보여주고 있다.

역동성 잃은 경제에 일자리 예산은 밑 빠진 독에 물 붓기

더구나 정부는 2017년부터 2018년까지 일자리 대책으로 무려 51조 원의 예산[2]을 투입했거나 투입할 예정이다. 그럼에도 불구하고 고용상태가 오히려 악화되고 있다는 것은 분명 한국경제가 구조적으로 무언가 크게 잘못되었다고 밖에 할 수 없다. 이러한 우리 경제의 구조적인 문제를 외면하고 문재인 정부는 최저임금의 대폭 인상과 노동시간 단축을 단행했다. 장기불황으로 수익성은 고사하고 매출조차 늘지 않는 업종에서 노동비용의 상승은 고용 감소를 가져올 수밖에 없다. 상승한 노동비용의 일부를 정부가 단기적으로 지원해 준다고 해서 사업장들이 안고 있는 수익성 악화가 근본적으로 해결되는 것은 아니다. 역동성을 잃은 경제는 아무리 재정을 쏟아부어도 마중물 효과가 나타나기 어렵다.

정부는 여전히 경기가 회복세를 유지하고 있으며,[3] 당면한 고용 문제가 최저임금과 근로시간 단축의 영향 때문이 아니라는 입장이다. 정부는 우리 경제가 안고 있는 모순된 분배구조 때문에 아직 소득주도 정책이 성과를 내지 못하고 있으나 소득주도 정책이 효과를 내면 고용 문제도 개선될 것이라는 입장이다.[4] 과연 소득주도 정책과 혁신주도 정책이 한국경제의 역동성을 회복시켜 고용 절벽을 해결할 수 있을까? 이 문제는 우리 경제가 당면한 문제들을 더 살펴보고 Ⅵ장에서 다시 검토하고자 한다.

07

2019년 성장 절벽

2016년 4분기부터 세계경제가 호전되면서 우리 경제의 수출은 2016년 5.9% 감소에서 2017년 15.8% 증가로 전환했고 2018년 7월까지 6.8% 증가율로 호조를 보이고 있다. 수출 호조 덕분에 GDP 성장률은 2016년 2.9%에서 2017년 3.1%로 높아졌다. 2018년 성장률은 한국은행 전망치 2.9%보다 다소 낮은 2.8% 내외로 전망된다. 2019년은 하방위험이 높아짐으로써 2018년보다 성장률이 낮아질 것으로 예상된다. 세계경제의 호전에 힘입어 2017년부터 회복세를 보였던 수출주도 성장은 하방위험 요소들이 늘어나 빠르면 2019년 하반기, 늦어도 2020년에는 새로운 국면에 진입할 것으로 예상된다. 그런데 보다 주목해야 할 점은 다가올 세계경제의 침체 국면은 길고 대안이 없는 장기 침체 국면이 될 가능성이 있으며, 이에 따라 우리 경제는 2020년대에 장기 저성장국면을 맞을 가능성이 높다는 것이다.

내수 진작의 한계

경기의 현재 상태를 보여주는 대표적인 지표인 경기동행지수 순환변동치는 2018년 9월 98.6을 기록했다. 98.6는 2009년 6월과 같은 수준이다. 동행지수 순환변동치로 본다면, 우리 경제는 2011년 8월을 정점으로 2018년 9월까지 86개월간 장기 하강국면을 지속해왔다. 이 하강국면에서 대체로 세 번의 회복국면이 있었다. 첫 번째 회복국면은 2013년 3분기부터 수출주도로 2014년 1분기까지 계속되었다. 두 번째 회복국면은 주택건설투자의 주도로 2015년 3분기와 4분기에 걸쳐 짧은 회복국면이 있었다. 세 번째 회복국면은 2016년 4분기부터 수출주도로 2017년 2분기까지 계속되었다. 즉 지난 7년간 두 번의 수출주도 회복 국면과 한 번의 주택건설 부양조치에 의한 회복 국면이 있었다. 이러한 경기회복의 전례는 향후 장기적인 경기흐름을 예측하는 데 중요한 시사점을 가지고 있다.

〈표 2-3〉에 나타난 바와 같이 소비 지출의 성장률 기여도는 매우 안정적이며, 성장률의 변동은 주로 투자와 수출에 의해 주도된다. 문재인 정부가 들어서 정부의 성장 기여도가 높아지기는 했으나, 변동폭이 크지 않다. 매년 정부는 추가경정예산만 편성하면 일자리 만들기와 경기가 부양될 것처럼 국회를 압박하지만 경기 부양 효과는 실제로 크지 않다. 정책이 수반하는 다른 문제들을 고려하지 않고 내수 진작 효과로만 본다면, 가장 부양 효과가 큰 정책수단은 민간의 건설 투자를 촉진하는 것이다. 2014년 8월 가계대출 규제 완화와 금리 인하는 건설 투자의 성장률 기여도를 2014년 0.2%에서 2015년 1.0%, 2016년 1.5%까지 제고했다. 그러나 주택건설 투자

〈표 2-3〉 **지출항목별 성장기여도**　　　　(단위: %, 2010년 연쇄가격 기준)

구분	2013	2014	2015	2016	2017
최종소비지출	1.5	1.3	1.6	1.9	1.8
민간	1	0.9	1.1	1.2	1.3
정부	0.5	0.5	0.5	0.7	0.5
총자본형성	0	1.5	2.1	1.6	3
총고정자본형성	1	1	1.5	1.6	2.6
건설투자	0.8	0.2	1	1.5	1.2
설비투자	-0.1	0.5	0.4	-0.1	1.2
지적재산생산물투자	0.2	0.3	0.1	0.2	0.2
재화와 서비스의 수출	2.4	1.1	-0.1	1.2	0.8
(-) 재화·서비스 수입	0.9	0.7	0.9	1.8	2.5
국내총생산에 대한 지출	2.9	3.3	2.8	2.9	3.1
민간	2.3	3	2.1	1.9	2.3
정부	0.6	0.3	0.6	0.9	0.8

자료: 한국은행

촉진정책은 가계부채의 급증과 주택수급 문제 등 여러 가지 심각한 부작용들을 수반한다. 더구나 2017년 8·2 부동산대책 비롯하여 강력한 주택가격 안정 정책을 쓰고 있는 문재인 정부에서는 내수 진작을 위한 주택투자촉진 정책을 기대하기 어렵다.

한편 선진국들의 금융정책이 금리 인상을 비롯하여 금융긴축기로 전환함에 따라 금융정책의 대외 불균형 문제가 심각해지는 상황에서 경기 부양을 위한 금리 정책은 고려하기 어렵다. 한편 문재인 정부의 소득정책이 저소득층의 빈곤문제와 저임금 문제를 완화하는 데는 기여할 수 있을 것이나 소비 확대를 통한 경기진작 효과로까지 이어지기는 어렵다. 따라서 경기가 계속 침체 국면을 지속하더라도 내수 쪽에서는 문재인 정부가 경기 진작을 위한 효과적인 정책 수단을 찾기 어렵다.

수출절벽이 다시 온다, 증대하는 중국 위험

2016년 9.3%나 감소했던 대중국 수출은 2017년 14.2% 증가했으며, 2018년 1월부터 10월까지 6.4% 증가했다. 그 결과 우리나라 총수출에서 대중국 수출이 차지하는 비중도 2016년 25.1%에서 2018년 10월 27.1%까지 높아졌다. 주목해야 할 사실은 2017년 반도체 수출 증가액이 대중국 수출 증가의 85.4%에 해당한다는 사실이다. 2018년 9월까지 대중국 반도체 수출액은 반도체 수출 총액의 41%, 대중국 수출 총액의 32%를 차지한다. 2018년 1월에서 10월까지 수출총액은 6.4% 증가했으나 중국 수출을 제외한 증가율은 0%이며, 반도체를 제외한 수출액은 오히려 2% 감소했다. 즉 우리나라 수출의 대중국 의존도가 높아졌을 뿐만 아니라 그중에서도 대중국 반도체 수출 의존도가 높아지는 양상을 보이고 있다. 2018년 3분기까지 국내총생산 GDP 중 수출 비중이 54.8%를 차지하며, 그중에서 대중국 수출 비중이 27%이므로 대중국 수출은 국내총생산의 14.8%를 차지한다. 한편 대중국 수출의 32%가 반도체이므로 대중국 반도체 수출은 국내총생산의 4.7%에 해당한다. 따라서 중국의 수입이 감소할 경우, 특히 반도체 수입이 감소할 경우 우리나라 수출은 물론 GDP 싱장률 자체도 심각한 충격을 받을 수 있다.

한편 중국 정부가 추진하고 있는 '중국제조 2025'로 인하여 수입 대체 산업의 성장은 우리 경제의 대중국 수출에 직접적인 영향을 준다. 이미 평판 디스플레이의 경우, 중국 업체들이 양산 체제 단계에 들어서면서 수출액이 2016년 −16%, 2017년 −20%로 급격하게 감소하고 있다. 현재 대중국 수출을 주도하고 있는 반도체의 경우도 한국의 반도체 산업을 추격하는 데 몇 년이 더 걸릴 수는 있어도, 반도체를 수입에 의존하지 않는 시점이 올 수밖에 없다. 중국의 수입대체산업이 성장함에 따라 우리나라 상품의 수출 범위는 점점 좁아지고, 특정 품목에만 집중되는 양상을 보이고 있다. 이미 우리나라 수출의 중국 수입시장 점유율은 2012년 9.2%에서 2015년 10.9%로까지 높아졌으나, 2017년 9.8%로 다시 낮아지는 추세에 있으며, 반도체를 제외하면 이 추세는 이미 심각한 상황이다.

2012년 대중국 수출 감소하면서, 우리 경제는 2016년까지 5년간 장기침체 국면을 겪은 바 있다. 이와 같이 중국시장에 과도하게 의존하면서 생긴 위험이 빠르면 2019년에 다시 발생할 가능성이 매우 높은 것으로 전망된다.

높아가는 세계경제 하방위험

중요한 사실은 장기적으로 세계경제의 흐름이 침체되어 앞으로 상당 기간 동안 한국경제에 수출주도 경기회복을 기대할 정도의 무역성장세를 기대하기 어려울 것이라는 점이다. 단기적으로는 미국과 중국 간 무역마찰이 가져올 충격이 불가피하며, 이런 세계무역질서의 불확실성 증대는 글로벌 공급사슬의 위축 등 장기적인 무역 위축을 초래할 가능성이 높다. 현재 완전고용 상태에 있는 미국경제도 2020년에는 경기후퇴 국면에 진입할 가능성이 높다.[5] 세계 금융위기 이후 장기침체 국면에서 금융완화 정책에 힘입어 2016년 4분기부터 빠른 회복세를 보였던 세계경제는 미국과 중국 간 무역마찰을 계기로 성장세를 위협받는 하방위험에 직면해 있다.

IMF는 이번 경기후퇴 국면에서는 탈출구를 찾기 어려울 것이라고 계속 강조해왔다. 2020년 이후 세계경제는 그야말로 '해결책이 없는 장기침체Secular Stagnation 의 악몽'에 사로잡힐 가능성이 높아지고 있음을 주목해야 한다.

08

장기 저성장시대

한국경제는 2017년 3.1%의 성장률을 기록했다. 2014년 3.3% 성장률 이후 3년 만에 3%대 성장률을 회복했으니 좋은 소식임에는 분명하지만, 자축하기는 여전히 부족하다. 왜냐하면 2017년 한국경제의 3.1% 성장률은 세계경제 성장률 3.8%에 크게 못 미쳤기 때문이다. 특히 세계경제 성장률이 2016년 3.2%에서 2017년 3.8%로 0.6%포인트 상승했으며, 선진국들의 성장률이 2016년 1.7%에서 2017년 2.3%로 0.6%포인트 상승했다는 점에 비추어본다면, 한국경제 성장률이 2016년 2.9%에서 2017년 3.1%로 0.2%포인트 상승한 것은 상대적으로 저조한 성장률이라고 볼 수밖에 없다. 주목해야 할 부분은 2008년에서 2010년까지 세계 금융위기 기간을 기점으로 한국경제 성장률이 세계경제 성장률을 밑돌고 있다는 점이다. 2001년부터 2007년까지 한국경제의 평균 성장률은 4.9%로 세계 평균 성장률 4.5%보다 0.4%포인트 높았다. 그러나 세계 금융위

〈표 2-4〉 **우리나라 성장률과 세계 성장률 비교**

구분	한국(Ⅰ)	세계(Ⅱ)	선진국(Ⅲ)	신흥국(Ⅳ)	Ⅰ/Ⅱ(배)	Ⅰ/Ⅲ(배)	Ⅰ/Ⅳ(배)
'01~'07(A)	4.9	4.5	2.4	6.7	1.09	2.04	0.73
'08~'10	3.3	2.8	-0.1	5.4	1.18	-	0.61
'11~'17(B)	3	3.6	1.8	5	0.83	1.66	0.6
B/A(%)	0.61	0.8	0.75	0.75	-	-	-

자료: IMF, 〈세계경제전망보고서〉

기를 겪고 난 2011년부터 2017년까지 한국경제의 평균 성장률은 3.0%로 세계경제의 평균 성장률 3.6%보다 0.6%포인트 낮다. 즉 2011년부터 2017년까지 7년 연속 한국경제 성장률이 세계경제성장률을 밑도는 양상이 한국경제의 '뉴 노멀New normal'이라고 해도 지나치지 않다. 〈표2-4〉에서 2011년부터 2017년까지 우리나라 평균 성장률은 2001년부터 2007년까지 평균 성장률의 61% 정도 밖에 회복하지 못한 반면, 세계 성장률은 80%, 선진국 경제권도 75% 수준을 회복했다. 이것은 한국경제의 회복력 내지는 역동성이 신흥국 경제권은 물론 선진국 경제권보다도 상대적으로 낮아졌다는 뜻이다. 즉 한국경제의 성장률은 세계경제의 성장률보다 낮고 역동성도 떨어진다는 것이 바로 한국경제의 '뉴 노멀'이다. 그렇다면 이러한 한국경제의 '뉴 노멀'은 왜 발생했으며, 그것은 무엇을 의미하는가?

첫째, 세계 GDP 규모 대비 세계 상품무역 규모의 비율은 2001년부터 2007년까지 1.6배였으나, 2011년부터 2016년까지는 1.1배

〈그림 2-1〉 **세계경제 성장률과 한국경제 성장률 추이와 전망(2000~2017)**(단위: %)

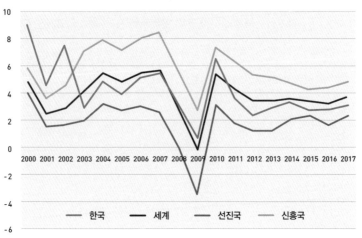

자료: IMF, 〈세계경제전망보고서〉

로 낮아졌다. 특히 동 비율은 2012년부터 2015년까지 1배, 2016년
에는 0.7배까지 낮아졌다가 2017년 다시 1.4배로 높아졌다.[6] 수출
의존도가 높은 한국경제는 이른바 '교역침체' 현상[7]으로 인해 성장
잠재력이 다른 국가들보다 상대적으로 더 큰 폭으로 떨어진다.

더구나 교역침체는 일시적, 또는 순환적인 현상이 아니라 장기
구조적인 양상이기 때문에 시간이 간다고 해서 호전될 가능성도 기
대하기 어렵다.[8] 이것은 한국경제가 이제는 수출주도로 성장할 수
있는 시대가 저물었음을 의미한다. 성장기여도가 낮아졌다고 해도
GDP의 54%(2017년 기준)를 수출이 차지하는 구조에서는 여전히 수
출이 중요하다. 수출의 침체는 곧 투자의 침체와 직결되고, 그 결과
는 소득 증가의 둔화로 이어져 소비를 위축시키기 때문이다.

〈표 2-5〉 **우리나라 잠재성장률 추정** (단위: %)

구분	2001~2005	2006~2010	2011~2015	2016~2020
생산함수모형	5	3.7	3.4	2.8
노동	0.9	0.6	0.9	0.7
자본	2.2	1.8	1.6	1.4
총요소생산성	1.9	1.3	0.9	0.7
HP필터링	5.2	3.9	3	2.9
준구조모형	4.8	3.8	3.1	2.8
실제 성장률	4.7	4.1	3	-

자료: 한국은행, 〈우리 경제의 잠재성장률 추정〉, 2017

둘째, 총수요의 침체가 일시적인 양상에 그치지 않고 장기화하는 경우, 총공급의 측면에도 부정적인 영향을 미친다. 즉 총수요의 침체가 장기화할 경우, 경제 전반에 걸쳐 운영의 효율성이 낮아진다. 한국은행의 잠재성장률 분석 결과(〈표 2-5〉 참조)에 따르면, 2001년에서 2005년까지와 2011년에서 2015년까지의 기간을 비교했을 때 노동의 기여도는 차이가 없으나 자본의 기여도가 2.2%포인트에서 1.6%포인트로 낮아졌다. 뿐만 아니라 경제 전반의 운영 효율성을 반영하는 총요소생산성Total Factor Productivity이 1.9%에서 0.9%로 낮아져 잠재성장률 저하에 결정적인 역할을 한 것으로 나타났다.

수출의 성장기여도 저하에도 불구하고 이러한 양상을 보인 것은 규제 개혁 등 총요소생산성을 높이기 위한 정책적인 노력이 성과를 거두지 못했음을 의미한다.

셋째, 총수요 침체의 장기화는 총요소생산성을 저하시킬 뿐만 아니라 기업의 설립과 가동 등 총공급 자체에 부정적인 영향을 미친다. 세계경제의 장기침체론을 주창하고 있는 래리 서머스Larry Summers 교수는 이 현상을 '총수요의 부족은 총공급의 부족을 초래한다Lack of demand creates lack of supply'는 의미에서 '역 세이의 법칙inverse Say's Law'으로 지칭하고 있다.[9] 한국경제는 2012년부터 이어진 저성장기간 동안 기업의 창업 부진과 제조업의 침체 등으로 공급 자체에 심각한 역동성 약화 문제가 누적되어 가고 있다.

이상에서 살펴본 바와 같이 한국경제는 2008년의 세계 금융위기 이후, 세계경제의 구조개편 과정에서 효과적으로 대응하지 못해 역동성이 크게 낮아졌다. 경제의 공급역량에 심각한 문제가 발생했음에도 불구하고 박근혜 정부는 2014년 하반기부터 주택담보대출 규제완화와 금리인하로 내수를 진작하는 부채주도성장 정책을 추진했다. 2013년에서 2016년까지 박근혜 정부 시절 가계대출(개인사업자대출 포함)은 453조 원이나 증가했으며, GDP 대비 가계부채 잔액의 비율은 2012년 말 78.4%에서 2016년 말 93.5%로 높아졌다.[10] 주택담보 대출의 가용성과 금리인하를 통해 촉진된 주택건설로 인해 건설투자의 성장기여도는 2014년 0.2%포인트에서 2015년 0.6%포인트, 2016년에는 1.6%포인트까지 높아졌다. 주택건설 부양 조치가 없었다면, 2015년에서 2016년까지의 성장률은 2% 수준에 그쳤을 것으로 추정된다. 2017년 세계경제의 호전 덕분으로 3.1% 성장률을 기록했으나 한국경제의 저성장 '뉴 노멀'은 달라진 것이 없다.

2017년 문재인 정부가 들어서 '소득주도성장 정책'이 성장 정책의 새로운 틀로 등장했다. 소득주도 정책의 타당성에 대해서는 Ⅵ장에서 자세히 다루기로 하고, 부채주도성장 정책과 마찬가지로 소득주도 정책도 총수요 중심의 정책이다. 차이점은 수요 진작의 경제주체가 가계에서 정부로 바뀌었다는 것이다. 또한 총수요 진작의 경로가 가계 부채에서 정부 지출로 바뀌었다는 점이 다르다. 소득주도성장 정책이 총수요를 어느 진작하는 데 성공한다고 하더라도, 기업의 역할을 외면한 정책 기조로는 한국경제가 직면한 저성장의 '뉴 노멀'을 극복하기 어려워 보인다. 최근 IMF는 우리나라 성장률이 2018년 3.0%에서부터 매년 0.1%씩 하락할 것으로 전망[1]하고, 특히 노동인구의 감소로 연평균 잠재성장률이 2020년대 2.2%, 2030년대 1.9%, 2040년대 1.5%, 2050년대 1.2%로 낮아질 것으로 전망한 바 있다〈그림 2-2〉참조).

일본은 1997년의 GDP 규모를 18년이 지난 2016년에야 겨우 회복했다. 1997년 일본의 어느 누구도 국민소득 감소가 18년이나 지속될 것이라고 예상하지 못했다. 우리나라도 그렇다. 문재인 정부가 지금 제대로 대응하지 않는다면, '잃어버린 7년'은 '잃어버린 11년'이 될 것이고, 갈수록 '잃어버린 시간'은 원래의 궤도로 복귀할 가능성이 낮아진다. 그것은 '다음 세대가 우리 세대보다 못살 것'이라는 기성세대의 걱정이 현실로 다가오는 것을 의미한다.

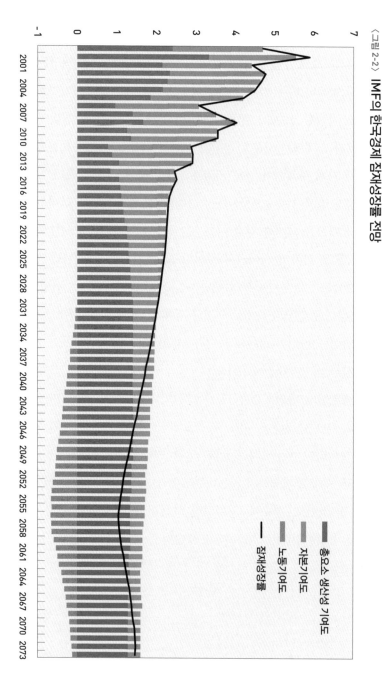

〈그림 2-2〉 IMF의 한국경제 잠재성장률 전망

총요소 생산성 기여도
자본기여도
노동기여도
잠재성장률

09

제조업 위기

수출주도 성장을 지속하기 어렵기 때문에 내수주도 성장 구조로 가야 한다는 주장이 있다. 더구나 수출주도 성장은 대기업의 제조업 위주의 산업구조를 구축함으로써 분배 측면에서도 부정적인 결과를 가져왔기 때문에 이제는 내수·서비스업 주도로 이행해야 한다는 주장이 커져가고 있다. 기본적으로 내수·서비스업 중심 경제로 이행해야 한다는 주장은 타당하다. 그러나 대한민국 경제는 GDP의 무역의존도가 108%(2018년 상반기)에 달하는 소규모 개방경제라는 사실을 외면하면 답이 나오지 않는다. 수출은 무엇으로 하는가? 수출은 제조업이 만든 상품으로 한다. 따라서 세계 경쟁력이 있는 제조업이 유지되지 않는다면, 소규모 개방경제가 무엇으로 국민경제를 움직여갈 것인가? 이렇게 엄정한 제조업의 중요성에도 불구하고 우리 경제의 제조업은 이미 튼튼한 기반과 역동성을 잃고 병病이 깊어가는 모습을 보이고 있다.

산업생산 구조의 심각한 왜곡

한국경제가 GDP 성장률 2%대의 저성장 국면에 진입하기 시작한 2012년을 기준으로 2017년 산업생산 수준을 비교해보면(〈표 2-6〉참조), 전산업생산은 5년간 10.8% 증가했다. 이 10.8%를 산업별로 나누어보면, 제조업(가중치 30.6%)의 생산증가율은 4.8%에 불과한 반면, 서비스업(가중치 53.9%)은 11.1%, 건설업(가중치 5.5%)은 무려 45.9%가 증가했다. 서비스업 중에서도 특히 금융보험은 26%나 증가했다. 즉 우리 경제는 지난 5년간 부채주도성장 정책의 결과로 전산업생산 10.8% 중 건설업(2.4%포인트)과 금융보험(2.1%포인트)이 42%를 차지하는 반면, 제조업(1.5%포인트)의 기여도는 14%에 불과했다. 한마디로 건설업과 금융보험업은 상대적으로 크게 성장했으나 제조업은 심각하게 정체되어 있다는 것이다. 이것이 바라던 내수주도 경제구조의 모습은 아닐 것이다. 그나마 건설업의 성장도 주택건축 경기의 후퇴로 끝나고, 가계부채 증가에 의지한 금융보험업의 성장도 정체되면, 제조업의 성장이 침체된 상황에서 과연 어떤 산업이 경제를 끌어갈 것인가?

반도체·전자부품을 제외하면 제조업은 5년간 생산활동이 감소

제조업 생산을 좀 더 자세히 들여다보자. 2012년부터 2017년까지의 제조업 생산증가율 4.8%를 분석해보면, ICT와 자동차 업종을 제외할 경우 증가율은 3.0%에 그치며, 가장 생산증가율이 높은 반도체·전자부품을 제외한 제조업 생산증가율은 −0.4%로 5년 전보

구분	전산업 생산	제조업	ICT· 자동차 제외	반도체 전자부품 제외	건설업	서비스	금융보험
가중치	100	30.55	28.99	27.99	5.53	53.89	7.88
2012(A)	95.2	99.4	100.9	101.3	87.1	93.7	86.7
2013	96.8	100	100.7	101.1	96	95	87.2
2014	98.2	100.3	101	101.4	95.2	97.2	91.6
2015	100	100	100	100	100	100	100
2016	103.1	102.4	101.7	100	115.4	102.6	104.1
2017(B)	105.5	104	103.9	100.8	127.1	104.5	109.4
2018. 6.	108.9	105.1	102.9	99.4	134.3	107.8	117.1
B/A(%)	10.8	4.8	3	-0.4	45.9	11.1	26.2

자료: 통계청

다 생산활동이 감소한 것으로 나타났다(〈표2-6〉 참조).

자동차산업의 2017년 생산대수는 2012년에 비하여 무려 9.8%
가 감소했는데, 특히 수출은 20%나 감소했다. 국내 판매에서 국산
차는 5년간 9.4% 증가에 그친 반면, 수입차 판매는 92% 증가했다.
5년간 생산활동이 10% 감소한 자동차산업은 분명 심각한 상황에
직면해 있다.

구분	출하액		부가가치		종사자 수	
	금액 (십억 원)	증감율 (%)	금액 (십억 원)	증감율 (%)	인원 (천 명)	증감율 (%)
2016	1,415	-1	508	2.4	2,964	0.6
2015	1,430	-3.8	496	2.5	2,947	1.4
2014	1,486	-0.4	484	1	2,905	3.2
2013	1,492	-1.1	479	-0.2	2,814	2
2012	1,508	1.1	480	0	2,758	2.3
2011	1,491	12.4	480	10.3	2,695	2.2

자료: 통계청, 〈광업·제조업 조사, 2012~2016〉

2012년 대비 2016년 제조업의 출하액은 9.4% 감소

제조업 전체의 출하액은 2012년을 정점으로 2016년까지 4년간 9.4% 감소했으며, 부가가치는 5.8% 증가하고, 고용은 7.5% 증가했다(〈표 2-7〉 참조). 주요산업의 2016년 출하액을 2012년과 비교해보면(〈표 2-8〉 참조), 자동차산업이 12% 증가한 것 외에 대부분의 중화학공업에서 출하액이 감소했다. 특히 석유정제산업은 거의 절반 수준으로 감소했으며 철강산업은 22%, 전자산업마저도 9% 감소했다. 부가가치도 자동차산업을 제외하고는 대부분 감소했다. 따라서 조선업과 자동차산업만이 아니라 중화학공업 전체가 위기에 직면해 있다는 사실을 주목할 필요가 있다.

〈표 2-8〉 **주요 산업의 출하액과 부가가치 추이** (단위: 십억 원)

구분		2012(ⅠⅠ)	2013	2014	2015	2016(Ⅱ)	Ⅱ / Ⅰ (배)
출하액	전자산업	253,463	255,594	244,251	238,678	230,721	0.91
	자동차	175,587	181,333	194,593	199,037	196,772	1.12
	철강	157,147	144,249	138,226	125,723	122,334	0.78
	석유정제	157,443	145,958	139,316	95,874	85,128	0.54
	화학	160,619	161,695	154,728	137,346	137,877	0.86
	조선	75,848	74,751	73,598	73,423	67,608	0.89
부가가치	전자산업	115,816	116,830	112,440	114,729	114,780	0.99
	자동차	53,158	55,049	59,355	60,548	60,018	1.13
	철강	30,423	27,438	26,679	24,992	25,891	0.85
	석유정제	22,107	19,516	18,991	16,488	16,994	0.77
	화학	43,284	43,569	41,525	41,708	42,819	0.99
	조선	21,664	20,842	20,534	19,981	20,147	0.93

제조업의 경쟁력 저하 심각

제조업의 국내공급 규모는 2012년에 비하여 2017년 9.6% 증가했다〈표 2-9〉 참조). 이중 국산의 공급 수준은 1.2%에 그친 반면, 수입품은 32% 증가했다. 그 결과 제조업의 내수공급에서 차지하는 수입품의 비중이 2012년 27%에서 2017년 33%로 높아졌다. 특히 소비재는 21%에서 32%로, 자본재는 32%에서 41%로 높아져 내수시

〈표 2-9〉 **제조업 국내공급 동향** (단위: 2010년을 100으로 봤을 때, %)

구분		2012	2013	2014	2015	2016	2017
지수	국내공급	104.6	106.1	108	109.1	110.4	114.6
	국산	103.6	103.7	102.8	103.6	104.6	104.8
	수입	107.6	112.7	122.2	124.5	126.6	141.9
전년비	국내공급	0.4	1.4	1.8	1	1.2	3.8
	국산	0	0.1	-0.9	0.8	0.9	0.2
	수입	1.6	4.7	8.4	1.9	1.7	12
수입 점유비	제조업	27.2	28.1	30	30.2	30.4	32.8
	최종재	25.9	26.2	28.8	30.7	31.9	36
	- 소비재	21.4	21.6	24	26.8	29.1	32.4
	- 자본재	32.1	32.5	35.4	36.3	36.2	40.9
	중간재	27.9	29.2	30.6	30	29.5	30.9

자료: 통계청, 〈제조업 국내공급 동향〉

〈표 2-10〉 **세계 수출시장 1위 품목 수와 순위 추이**

구분	2010	2011	2012	2013	2014	2015	2016
개수	71	61	69	68	67	68	71
순위	12	14	13	13	13	14	13
중국 (품목수)	-	-	1,546	1,566	1,634	1,742	1,693

자료: 국제무역연구원, 〈세계 수출시장 1위 품목으로 본 우리 수출의 경쟁력 현황〉, 2018

장에서조차 국산이 수입품에 소비재·자본재·중간재 전 분야에 걸쳐 경쟁력을 잃어가는 양상을 뚜렷하게 보이고 있다.

2017년 수출이 크게 증가한 것을 두고 우리 제조업이 살아났다고 본다면, 큰 착각이다. 2017년의 경우 내수시장의 성장률이 2016년 1.2%에서 2017년 3.8%로 높아졌다〈표 2-9〉 참조). 그러나 국산의 공급증가율은 2016년 0.9%에서 2017년 0.2%로 오히려 낮아졌으며, 반면에 수입품의 증가율은 2016년 1.7%에서 2017년 무려 12%로 증가했다. 국민계정을 보면 제조업 성장률이 2016년 2.4%에서 2017년 4.4%로 높아졌으나, 기계장비(-3.8%→14.3%)와 정밀기기(9.5%→23.1%), 전기 및 전자기기(5.3%→7.4%) 업종을 제외한 대부분 업종에서 성장률이 낮아졌다. 이러한 양상은 제조업의 국내공급 동향(내수)에서 국산의 공급 수준은 정체된 반면, 수입품은 크게 증가하여 내수시장에서조차 국산품이 경쟁력을 잃어가고 있음을 시사한다.

수출이 증가해도 국내 제조업의 생산활동이 증가하지 못하는 기현상이 발생하는 이유는 무엇인가? 제조업의 생산활동이 부진했던 것은 수출 침체, 즉 제조업의 침체는 수요 문제로 볼 수도 있다. 그러나 수요부족이 장기화하면, 문제는 달라진다. 수요부족은 소위 '이력현상hysteresis'을 가져와 공급역량에 문제를 일으키기 쉽다. 하나의 예로 수요의 불안은 생산의 불안을 가져오고, 생산활동의 불안정은 생산성을 불안정하게 해 공급의 효율성을 손상시킬 뿐만 아니라 투자를 저해시켜 생산역량의 제고를 어렵게 한다.

제조업 경쟁력이 낮아지는 이유?

그렇다면 제조업의 경쟁력이 낮아지는 이유는 무엇인가? 두 가지 이유를 지적할 수 있다. 기본적으로는 기존 기업의 투자 부진 때문이며, 다음으로는 신설 기업이 부진하기 때문이다. 제조업의 2016년 설비투자 규모는 2011년에 비해 0.3% 적다. 즉 2011년부터 2016년까지 5년간 제조업의 설비투자 규모는 거의 늘지 않았다. 그나마 2017년 수출이 증가한 덕분에 제조업 설비투자 규모가 22% 증가하여 2012년 대비 48% 증가한 모습을 보였다(〈표 2-11〉 참조). 그러나 2017년 제조업 설비투자의 41%를 반도체와 자동차산업이 차지하기 때문에, 이 두 산업을 제외한 제조업 설비투자 규모는 2012년 대비 31% 증가에 그친다.

주목할 사실은 글로벌 경쟁력을 확보하고 있는 반도체 산업의 2017년 투자 규모는 2012년 대비 80% 증가했다. 그러나 2016년 제조업 생산액의 38%를 차지하는 중고위 기술산업군의 설비투자에서 89% 증가한 자동차산업을 제외한 나머지 산업의 설비투자 증가율은 16%에 불과하다. 더구나 2016년 생산액의 20%를 차지하는 중저위 기술군의 설비투자 증가율은 2012년 대비 무려 19%나 감소한 것으로 나타났다. 즉 전체적으로 글로벌 경쟁력을 가진 산업과 그렇지 못한 산업 간 설비투자의 양극화가 심각하게 진행되고 있으며, 그럴수록 글로벌 경쟁에서 밀려난 산업들의 경쟁력 저하가 심화되는 악순환 구조에서 빠져나오지 못하고 있다.

(단위: 억 원, 배)

구분	2012(Ⅰ)	2013	2014	2015	2016	2017(Ⅱ)	Ⅱ/Ⅰ(배)
전산업	1,309,913	1,302,581	1,789,563	1,807,943	1,814,511	1,949,669	1.49
제조업 (생산액비중, 2016)	728,768	721,082	848,611	856,854	883,596	1,079,792	1.48
고위기술산업군 (28%)	376,339	378,902	409,996	438,149	492,838	654,399	1.73
(반도체)	181,197	172,552	217,726	240,142	227,290	326,810	1.8
(디스플레이)	135,886	139,412	55,047	43,403	60,492	51,130	0.38
중고위기술산업군 (38%)	164,509	161,774	226,845	230,019	216,832	235,059	1.43
(자동차제외)	104,661	100,876	126,525	129,166	110,212	121,660	1.16
(자동차)	59,848	60,898	100,320	100,853	106,620	113,399	1.89
중저위기술산업군 (20%)	154,905	147,915	162,989	137,345	118,683	125,733	0.81
저위기술산업군 (14%)	33,015	32,491	48,781	51,341	55,252	64,601	1.96
서비스업	318,618	303,212	559,247	535,637	578,651	513,664	1.61

자료: 산업연구원

일본의 '잃어버린 20년'의 본질은 제조업 위기

현재 진행되고 있는 제조업 위기를 방치할 경우, 어떤 어려움에 직면하게 될지는 일본의 전례가 잘 보여준다. '잃어버린 20년'이 진행되는 동안, 일본의 세계 수출시장 비중은 1993년 9.8%에서 2003년 6.4%, 2016년 4.2%까지 계속 낮아졌다. 여기서 주목해야 할 사실

구분	I	II	II / I (%)
제조업 종사자 수(만 명)	1,569(1992)	1,052(2017)	- 33
제조업 종사자 30인 이상 업체 평균임금(천 엔)	391(1995)	406(2017)	4
제조업 생산 규모(10억 엔)	117.8(1994)	113.4(2016)	- 3.4
임금·보수(10억 엔)	230.9(1994)	228.4(2016)	- 1.1

※ 제조업 생산규모와 임금·보수는 국민소득 계정, 경상가격　　　　　　　　　　　　　자료: 일본 내각부, 2017

은 일본경제의 '잃어버린 20년'은 엔화 거품의 붕괴에서 시작되어 제조업의 붕괴로 진행되었다는 점이다. 즉 수요침체가 수요침체에서 그치지 않고 공급역량의 손실과 경쟁력의 저하를 수반한다는 점이다. 그 결과 일본 제조업의 취업자 수는 1992년 1,569만 명에서 2016년 984만 명으로 37%가 감소했다〈표 2-12〉 참조). 2012년 제조업의 임금 총액은 1997년 대비 21%나 감소했다. 2017년 30인 이상 제조업 사업장의 노동자 월 평균 임금은 1995년에 비해 4% 오른 수준에 그쳤다. 한편 국민소득 계정의 임금 및 보수는 2016년에도 1994년 수준을 회복하지 못했으며, 2016년 제조업 생산규모는 1994년보다 3.4%가 낮은 수준에 있다.

일본의 '잃어버린 20년'의 실체는 한국과 중국의 추월에 대비하지 못한 '제조업 붕괴'다. 우리는 이것을 타산지석으로 삼아야 한다. 중국이 세계시장에서 한국을 밀어내고, 우리 제조업을 회복할 수 없는 추락의 늪으로 밀어넣을 날이 올 수도 있기 때문이다.

10

경제의 조로화 현상

제조업 경쟁력 저하의 원인으로 투자침체보다 더 주목해야 할 양상은 대규모 기업의 진입이 현저하게 감소하고 있다는 점이다. 종사자 100인 이상 신설기업의 수는 2011년 364개에서 2016년 215개로 41%가 감소했으며, 100인 이상 기업의 소멸도 2011년 218개에서 2015년 170개로 감소하여 기업계의 역동성이 저하되는 양상을 보이고 있다〈표 2-13〉 참조). 특히 2016년 제조업의 활동기업 수는 2011년 대비 11% 증가했다〈표 2-14〉 참조). 그러나 활동기업 중 일정 수준의 연구개발과 혁신역량을 갖추었다고 할 수 있는 100인 이상 제조업체 수는 2014년 정점을 찍고 2016년에는 고점 대비 5.1% 감소했다. 특히 300인 이상의 대기업 수는 5.6% 감소했다. 뿐만 아니라 신생기업의 감소와 소멸기업의 정체로 제조업의 역동성은 크게 낮아지고 있다. 제조업의 신생기업 수는 2014년 5만 4,000개를 정점으로 하여 2016년 4만 9,000개로 감소하는 추세에 있다. 이중 100

〈표 2-13〉 **전산업 종사자 100인 이상 활동 기업과 대외투자 신규 법인의 추이** (단위: 개)

구분	종사자 100명 이상 기업			종사자 300명 이상 기업			대외투자 신규법인
	활동	신생	소멸	활동	신생	소멸	
2010	12,406	-	-	2,929	-	-	3,062
2011	13,172	364	218	2,932	39	15	2,942
2012	13.599	334	221	2,930	29	20	2,780
2013	14,397	306	197	3,458	26	20	3,035
2014	14,636	340	162	3,574	58	10	3,049
2015	14,309	242	170	3,496	16	12	3,194
2016	14,607	215	-	3,578	24	-	3,269

자료: 한국수출입은행 / 통계청, 〈기업생멸 행정통계〉, 2012-2016

〈표 2-14〉 **제조업 활동기업과 신생기업 추이** (단위: 개)

구분	종사자 100명 이상 기업			종사자 300명이상 기업		
	활동기업	신생기업	소멸기업	활동기업	신생기업	소멸기업
2011	5,385	142	106	1,052	6	3
2012	5,504	172	87	1,100	13	8
2013	5,935	155	77	1,238	41	5
2014	6,009	162	77	1,301	34	6
2015	5,773	96	82	1,245	18	8
2016	5,703	65	-	1,228	5	-

자료: 통계청, 〈기업생멸행정통계〉, 2012-2016

인 이상 신생 제조업체의 수는 2014년 162개에서 2016년 65개로 감소했으며, 300인 이상 제조업체의 수는 2013년 41개를 정점으로 감소하여 2016년 5개에 그쳤다. 즉 대규모 제조업체의 신설이 거의 사라져가는 상태에 있다. 반면에 소멸기업의 수는 4만 개 내외의 추세를 이어가고 있다.

종사자를 대규모 고용하는 시설 제조업체가 줄어들면서 제조업의 고용이 감소하는 것은 당연한 결과다. 제조업 취업자 수는 2015년 460만 명에서 2017년 457만 명으로 감소했다. 한마디로 한국의 제조업은 급속하게 노화하고 있으며, 노화의 결과는 고용의 감소로 드러나고 있다.

미국보다 기업 역동성이 낮은 한국경제

우리나라와 미국과의 기업의 신생과 소멸 양상으로 '기업계의 역동성Business Dynamics'을 비교해보면, 시장경제의 역사가 70년도 되지 않는 우리나라 기업계의 역동성이 시장경제의 역사가 250년이 넘는 미국 기업계의 역동성보다 낮다.

기업 전체의 신생률은 우리나라(2016년 기준)가 15.2%로, 미국(2015년 기준)의 10.2%보다 높고, 소멸률도 우리나라(2015년 기준)가 11.5%로 미국 8.8%보다 높다(〈표 2-15〉 참조). 그러나 5인 이하 기업을 제외하면, 전혀 다른 양상을 보인다. 5인 이하 기업을 제외한 우리나라 기업의 신생률은 5.9%로 미국 7.4%보다 낮으며, 소멸률도 우리나라는 3.2%로 미국 6.7%의 절반에도 미치지 못한다. 특히 100인 이

〈표 2-15〉 한국과 미국의 기업 신생률과 소멸률 비교 　　　(단위: %)

기업 종사자 규모	한국		미국	
	신생률(2016)	소멸률(2015)	신생률(2015)	소멸률(2015)
전체	15.2	11.5	10.2	8.8
(5인미만 제외)	5.9	3.2	7.4	6.7
1인	17	13.2	17.6	16.1
2~4인	9.8	5.8	-	-
5~9인	7.4	3.7	3.7	3.7
10~49인	4.6	2.8	2.5	2.7
50~99인	3.1	2.2	3.7	2.6
100인 이상	1.5	1.2	6.9	3.6

자료: U.S. Census Bureau, 〈Longitudinal Business Database, 1977-2014〉, 2015
통계청, 〈기업생멸 행정통계〉, 2012-2016

상 사업장의 신생률은 우리나라 1.5%로 미국 6.9%의 1/4에도 미치지 못한다. 이와 같은 지표들이 보여주는 우리 경제의 조로화早老化 양상이 얼마나 심각하게 진행되고 있는지 주목할 필요가 있다.

한편 최근 3년간 매출과 상용노동자가 모두 연평균 20% 이상 증가한, 이른바 '고성장기업'은 2012년에서 2015년 사이에 감소해왔다. 그리고 특히 고성장기업 중에서도 5년이 경과하지 않은 신생기업, 이른바 '가젤기업'은 2011년 이래 지속적으로 감소하는 추세에 있다〈표 2-16〉 참조).

〈표 2-16〉 **고성장기업과 가젤기업 수 추이** (단위: 개, %))

	2011	2012	2013	2014	2015	2016
고성장기업 (전년비, %)	5,034 (3.5)	5,103 (1.4)	4,568 (-10.5)	4,263 (-6.7)	3,998 (-6.2)	4,093 (2.4)
가젤기업 (전년비, %)	1,212 (-0.2)	1,147 (-5.4)	1,068 (-6.9)	1,060 (-0.7)	998 (-5.8)	1,096 (9.8)

※ 고성장기업: 최근 3년간 매출액과 상용노동자 공히 연평균 20% 이상 증강한 기업
가젤기업: 고성장기업 중 사업자등록 5년 이하 기업
자료: 통계청, 〈2016년 기준 기업생멸 행정통계 잠정 결과〉, 2017

〈그림 2-3〉 **우리 경제의 역동성 상황과 역동성 지수**

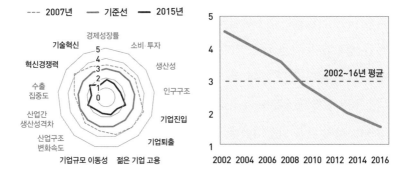

자료: 이정익·조동애, 〈우리 경제의 역동성 점검〉(한국은행, 2017)

피폐해진 경제생태계

그렇다면 왜 기업 신설이 부진한가? 기업의 신생과 소멸로 나타나는 역동성 저하는 2008년 세계 금융위기 이후, 미국[12]을 비롯한 다수의 OECD 국가들의 고민[13]으로 우리나라만의 양상이라고 할 수

는 없다. 공통적으로 세계 금융위기 이후 2011년부터 2016년까지 세계적인 장기불황이 계속되었으며, 4차 산업혁명의 진행 등으로 사업의 불확실성이 높아졌기 때문으로 해석된다. 문제는 경제의 역동성 저하 문제가 왜 유독 우리나라에 현저하게 일어나고 있는가 하는 점이다.

한국경제는 직면해 있는 구조적인 문제들이 있다. 첫째, 한국경제가 후발 산업국가로서 지난 60여 년 지속해왔던 추격 모델이 한계에 직면했다. 일본의 전자·자동차·철강·조선 등 산업을 추격한 한국경제는 이제는 추격이 아니라 스스로 기술적 우위 등을 통해 글로벌 경쟁력을 확보해야 하는 과제에 직면해 있다. 반도체를 제외한 다른 산업들은 선진국들의 견제와 중국의 추격 사이에서 지속적인 성장의 동력을 잃고 있다. 자동차산업이 대표적이며, 디스플레이·전기 배터리 등 불과 몇 년 전까지만 해도 우리나라가 세계 1위를 차지했던 품목들이 중국에 밀리고 있다. 둘째, 수출과 내수 간의 연계성이 더욱 약화되었다. 수출로 인한 '낙수효과'를 기대할 수 없는 것은 물론 내수산업은 저부가가치 – 저생산성 – 저투자의 악순환 구조를 혁신할 수 있는 역량이 약화되고 있다. 셋째, 한국경제는 현재 일종의 지배 구조의 혼돈 상태를 겪고 있다. 정부가 기업의 투자 위험을 분담하여 투자를 지원하는 고리는 사라지고, 오히려 '공정경제'의 틀로 정부가 대기업의 폐단을 압박함으로써 대기업의 지배 구조가 불안정해졌다. 이 때문에 대기업들은 불확실성이 높은 대규모 투자를 실행하기 어려운 상태다. 특히 문재인 정부의 소득주도 정책은 기업들의 위상을 훼손함으로써 기업가들의 사업 의욕을 저해하는 측면이 있다. 넷째, 전반적으로 이익집단들의 갈등이 높아짐으로써 정책 입법과정이 불확실하고 복잡해져서 정부의 정책 해결 역량이 약화되었다. 뿐만 아니라 정권 교체로 인한 정책의 연속성 문제가 정부 내에서 발생함으로써 장기적인 정책 추진이 어려워졌다. 이런 이유 등으로 경제생태계가 크게 피폐해 있다.

Ⅲ. 우리 시대의 '절망'

"세계에서 한 세대 만에 출생아 수가 반 토막으로
줄어 인구절벽에 직면한 나라는 한국밖에 없다."

한스 로슬링 스웨덴 한림원 교수
〈연합뉴스〉(2015. 10. 4.)

인구 연표(저위가정 추계)

2016년	1인 가구 비중(27.9%), 2인 가구 비중 추월
2017년	생산가능인구 감소 시작.
	"고령사회" 진입(고령자비율 14.2%)
	출생에서 사망을 제한 자연 인구증가 규모 1970년 이래 최저
	65세 이상 인구수가 유소년 인구수(14세 이하)를 초과
2019년	출생아 수 30만 명 미만 돌파
2020년	1955년생 고령층 진입(1955~'63년생 베이비붐 세대 725만 명
	고령층 진입 개시)
2022년	인구 정점(5,168만 명, 저위 가정 추계)
2025년	65세 이상 인구비중 20% 돌파, 평균연령 45.1세('17년
	41.2세)
2030년	65세 이상 인구비중 24.5%
2031년	75세 이상 인구비중 10% 돌파(10.6%), 65세 이상 25.6%
2036년	65세 이상 인구비중 30% 돌파(30.3%)
2037년	평균연령 50세 돌파(50.2세)
2039년	75세 이상 인구, 65~74세 인구 초과
2043년	75세 이상 인구비중 20% 돌파(20.5%)
2051년	65세 이상 인구비중 40% 돌파(40.1%)
2065년	65세 이상 인구비중 46.2%(75세 이상 28.3%)
	2115년 인구 1,543만 명(2015년 인구의 30%)

세계에서 가장 빨리
늙어 가는 나라

저출산 문제의 심각성은 십 년 넘게 거론되어 왔으나 2017년 출생 통계는 충격 그 자체라고 할 수밖에 없다. 신생아 수는 35만 8,000 명으로 2016년 40만 6,000명에서 무려 12%나 감소했으며, 2015 년과 비교한다면 무려 18.4%가 감소한 것이다. 이에 따라 합계출 산율은 2016년 1.17명에서 2017년 1.05명으로 출생통계가 작성되 기 시작한 1970년 이래 가장 낮은 수준을 보였다. 여성 한 명이 평 생 낳을 것으로 예상되는 평균 자녀수를 합계출산율이라고 하는데, 2016년 기준으로 세계에서 우리나라보다 합계출산율이 낮은 국가 는 마카오(0.94명)과 싱가포르(0.82명)밖에 없다.

　주목해야 할 사실은 2017년 출생아 수 35만 8,000명은 2015년 인구센서스를 이용한 미래인구 추계 중에서 가장 인구증가율이 낮 은 저위가정에 의한 2017년 신생아 수 추계치 38만 7,000명보다도 2만 9,000명이 적은 수준이며, 합계출산율 1.05명은 저위가정 추

구분	2015	2016	2017	2018. 1~9
출생아 수(천 명)	438.5	406.2	357.7	252.1
(전년동기증감율, %)	0.7	- 7.3	- 11.9	-9.2
합계출산율(%)	1.24	1.17	1.05	0.95
(저위가정)	1.24	1.16	1.14	1.13
(중위가정)	1.24	1.18	1.2	1.22
혼인 건수	302.8	281.6	264.5	186.2
(전년동기증감율, %)	-0.9	-7.0	-6.1	-4.5

자료: 통계청, 2018년 5월 인구동향

계의 합계출산율 1.14보다도 크게 낮다는 점이다. 물론 2016년과 2017년의 저출산은 어떤 특별한 이유로 장기추세선에서 이탈한 일시적이고 예외적인 현상일 수도 있다. 그러나 2017년 혼인 건수도 26만 5,000건으로 2016년보다 6% 감소했다는 점을 감안하면, 일시적인 양상이라고 보기 어렵다.

2018년 출생동향은 더욱 충격적이다. 9월까지 신생아 수는 25만 2,000명으로 2017년 같은 기간 신생아수보다 무려 9.2%가 감소했으며, 2016년 동기에 비하면 9.6%, 2015년 동기에 비하면 25%가 감소했다〈표 3-1〉 참조). 통계청은 2018년 3분기 합계출산율은 0.95명으로 2017년 3분기 대비 0.1명이 감소했다. 현재 추세로 계산하면, 2018년 합계출산율이 1명 이하로 떨어지고 신생아수는 32만 명선,

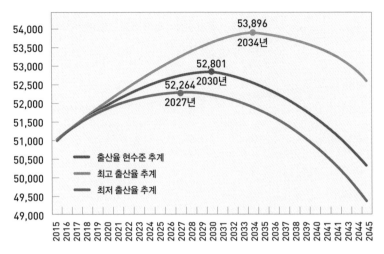

54,000
53,896
53,500
2034년
53,000
52,801
52,500
52,264 2030년
52,000
2027년
51,500
51,000
50,500 ── 출산율 현수준 추계
50,000 ── 최고 출산율 추계
49,500 ── 최저 출산율 추계
49,000

2015 2016 2017 2018 2019 2020 2021 2022 2023 2024 2025 2026 2027 2028 2029 2030 2031 2032 2033 2034 2035 2036 2037 2038 2039 2040 2041 2042 2043 2044 2045

출처: 한국고용정보원, 〈한국의 지방소멸〉 2018.

2019년에는 신생아 수가 30만 명 미만으로 감소할 것으로 보인다. 통계청의 추계로 신생아 수가 30만 명을 밑돌 것으로 추정되는 연도는 중위 가정 기준으로는 2048년, 저위 가정으로는 2035년이었으므로 2019년은 예상보다 17년이나 앞선, 극도의 저출산 현상이 일어나고 있는 것이다. 한편 2018년 1월에서 9월까지의 결혼 건수는 2017년 같은 기간과 비교했을 때 4.5%가 감소했고 2016년과는 동기 대비 9.6%, 2015년과는 동기 대비 15.4%가 감소했다. 결혼 건수의 감소는 구조적으로 출산율을 낮춘다. 따라서 향후 인구추계는 일반적으로 쓰이는 중위저위의 추계는 말할 필요도 없거니와 저위가정의 추계보다도 낮아질 가능성이 크다고 할 것이다. 2045년까지 합계출산율을 2.1명 수준까지 높이겠다는 제3차 저출산·고령

〈표 3-2〉 **연령대별 인구비중 및 고령화지표** (저위가정 추계, %)

구분	0~14세	15~64세	65세 이상	80세 이상	총부양비	노년 부양비
2015						17.5
2020	12.5	71.8	15.7	3.6	39.2	21.8
2030	10.3	64.9	24.8	5.6	54	38.2
2036	9.6	60.1	30.3	7.6	66.3	50.3
2040	9.1	57.2	33.7	9.9	74.9	58.9
2050	8	52.2	39.8	15.3	91.5	76.2
2060	7.5	48.5	44	18.9	106.2	90.7

자료: 통계청, 2016년 추계

사회 기본계획(2016~2020)은 그야말로 잠꼬대 같은 소리가 아닐 수 없다. 이에 따라 정부의 장기재정추계와 연기금의 재정수지 전망 등은 모두 최근의 급격한 결혼과 출생 감소를 반영하여 수정되어야 한다.

2050년 세계에서 가장 늙은 나라

저위가정의 추계치로 보면, 우리나라 인구 중 65세 이상 고령층의 비중은 2018년 14%를 돌파하여 이른바 '고령사회'에 진입할 예정이며, 2025년에는 20%를 넘어서 '초고령사회'에 도달할 것으로 전망된다. 그리고 2037년 30%, 2058년 40%를 초과할 것으로 보고

〈표 3-3〉 **한국과 일본 고령화 진행 대비**   (단위: %)

한국(저위 가정)		일본		연차
연도(I)	65세 이상 비중	연도(II)	65세 이상 비중	I - II
2008	10.2	1985	10.3	23
2017	13.8	1995	14.6	
2025	20.1	2005	20.2	20
2036	30.3	2025	30	11
2045	36.8	2045	36.8	0
2051	40.1	2051	37.8	-
2065	46.2	2065	38.4	-

자료: 일본 국립사회보장·인구문제연구소, 〈일본의 장래추계인구〉 2017./통계청, 2016년 추계

있다(〈표 3-2〉 참조). 고령화는 베이비붐 세대(1955~1963년생) 725만 명에 의해 주도된다. 1955년생이 65세가 되는 2020년을 기점으로 베이비붐 세대가 속속 65세 이상 고령인구에 진입함으로써 고령화 속도가 빨라진다. 이러한 속도를 일본과 비교해보면, 우리나라 고령화 속도가 어느 정도인지 가늠해볼 수 있다. 65세 이상 노인의 비중이 전체 인구의 10%를 돌파한 시기를 비교해보면, 일본은 1985년으로 우리나라(2008년)와는 23년의 차이가 있다. 한편 일본에서 65세 이상 노인의 비중이 전체 인구의 20%를 돌파한 해는 2005년으로 우리나라(2025년)와는 20년의 차이가 있다(〈표 3-3〉 참조). 그러나 노인 인구의 비중이 30%를 돌파하는 연도는 일본이 2025년, 우리나

〈표 3-4〉 **인구 고령 10대국: 2015, 2030, 2050**

2015			2030			2050	
순위	국가	중위연령	순위	국가	중위연령	순위	국가
1	일본	46.5	1	일본	51.5	1	다른 지정되지 않은 지역
2	독일	46.2	2	이탈리아	50.8	2	대한민국
3	프랑스령 마르티니크	46.1	3	포르투갈	50.2	3	일본
4	이탈리아	45.9	4	스페인	50.1	4	보스니아-헤르체고비나
5	포르투갈	44	5	그리스	48.9	5	싱가포르
6	그리스	43.6	6	홍콩	48.6	6	홍콩
7	불가리아	43.5	7	독일	48.6	7	포르투갈
8	오스트리아	43.2	8	다른 지정되지 않은 지역	48.1	8	그리스
9	홍콩	43.2	9	슬로베니아	48.1	9	쿠바
10	스페인	43.2	10	대한민국	47.5	10	폴란드

자료: UN경제사회국, 〈세계인구전망: 2015년 수정판〉

라가 2036년으로 불과 11년차로 좁혀질 것으로 예상된다. 그리고 2045년 마침내 두 나라의 고령화율은 36.8%로 같아지고, 우리나라는 일본과 더불어 세계에서 가장 고령화율이 높은 나라가 된다. 그리고 2050년이 되면 우리나라는 일본을 제치고 단독으로 세계에서 가장 고령화율이 높은 나라가 될 것으로 보인다. UN이 발표하는 세계인구 전망[1]에 따르면, 중위연령 기준으로 우리나라는 2030

년 국민들이 가장 늙은 나라 10위에 오르고 2050년에는 우리나라가 53.9세로 일본 53.3세를 추월하여 세계에서 가장 고령화된 국가가 된다(〈표 3-4〉 참조).

2115년 인구는 2015년 인구의 30%

장기적으로 고령화보다 더 주목해야 할 점은 우리나라 인구의 감소 속도가 갈수록 빨라진다는 점이다. 출산율의 저하는 자연히 인구 감소로 이어진다. 통계청의 장래인구추계(중위가정, 2016)에 따르면, 우리나라 인구수는 2031년 5,295만 7,000명으로 정점을 이룬 후 계속 감소하여 2115년 2,581만 5,000명으로 2015년 인구의 50.6% 수준으로 감소한다는 것이다.[2]

그러나 이 추계는 합계출산율이 2016년 1.18명에서 2045년 1.38명으로 상승한다는 가정에서 산출된 매우 비현실적인 전망일 뿐만 아니라 이미 2018년 출산율이 인구 추정의 저위 가정보다도 크게 낮은 수준으로 진행되고 있으므로 2115년 인구수는 저위가정 추정 인구 1,543만 명(2015년의 30%)에도 미치지 못할 가능성이 높다. 우리나라 인구의 정점(5,168만 명)은 2016년 저위 가정 추계 결과인 2023년보다 앞당겨져 2021년이 될 가능성이 높다(〈그림 3-1〉 참조). 저출산으로 14세 이하의 유소년 인구 비중이 감소하고, 65세 이상 고령인구 비중이 높아짐에 따라 노년부양 비율(15세~64세 인구 대비 65세 이상 인구 비율)은 저위가정 추계기준으로 2020년 21.8%, 2030년 38.2%, 2036년 50.3%, 2045년경에는 국민연금의 가입자보다 수급자가 더

많아지는 시점이 오게 된다.

　고령화와 관련해서 주목해야 할 문제는 건강수명과 기대수명 사이의 간격을 줄이는 것이다. 2016년 기준으로 기대수명은 81.4세지만, 국민건강수명(2015년 기준)은 73세에 그쳐 우리나라 노인들은 평균 8년 이상 건강하지 못한 노년을 보내는 셈이다. 이 노인들 중 약 10%인 72만 명이 치매를 앓고 있는 것으로 추정된다. 사회·경제적인 측면을 고려해봤을 때, 고령인구의 건강 문제는 이제 국가적 과제로 접근해야 한다. 이제는 몇 살까지 사느냐보다 건강수명을 몇 살까지 유지할 수 있느냐가 개인적으로나 국가적으로 더 중요한 과제다.

12

가난과 상실의 노인세대

미세먼지 때문에 외출할 때마다 마스크를 써야 할 만큼 우리나라의 환경이 나빠졌음에도 불구하고, 더 오래 살기 위해 뉴질랜드나 캐나다로 떠날 필요는 없다. 세계보건기구에 따르면(WHO, 2016년 통계), 우리나라 기대수명은 82.7세로 뉴질랜드(82.2세)보다 높고 캐나다(82.8세)와 거의 비슷한 수준이기 때문이다. 우리나라 예상 수명은 세계 최장수국가인 일본(84.2세)을 제외하면, 프랑스(82.9세)와 비슷한 최상위 장수국가에 속한다(〈표 3-5〉 참조). 하지만 2017년 현재, 65세 이상 노인 인구의 8%에 해당하는 58만 6,000명이 치매 등 노인성 질병으로 간호서비스가 제공되는 장기요양보험 보험급여를 받고 있다.

그런가하면 노인 자살률(인구 10만 명당)은 53.3명(2016년 기준)으로 OECD 평균 17.8명의 3배나 되며, 전체 인구의 자살률은 26.9명(WHO, 2016년 통계)으로 세계에서 리투아니아 31.9명, 러시아 31명,

〈표 3-5〉 세계 주요국의 예상수명·빈곤율·소득불균등

구분	예상수명(2016)			경제활동 참가율 (65세이상)	노인 빈곤율[1]	소득 불균등[2]
	남자	여자	계			
일본	81.1	87.1	84.2	23.47	-	-
싱가포르	80.8	85	82.9	-	-	-
오스트레일리아	81	84.8	82.9	12.99	0.257	0.337
프랑스	80.1	85.7	82.9	3.09	0.031	0.295
캐나다	80.9	84.7	82.8	14.22	0.107	0.318
이탈리아	84.9	82.8	82.8	4.43	0.102	0.333
한국	79.5	85.6	82.7	31.51	0.457	0.295
노르웨이	80.6	84.3	82.5	18.65	0.044	0.272
영국	79.7	83.2	81.4	10.16	0.142	0.351
독일	78.7	83.3	81	7.04	0.096	0.293
미국	76	81	78.5	19.33	0.229	0.391
OECD 평균	-	-	-	14.78	0.135	0.333
세계 평균	69.8	74.2	72	-	-	-

※ 1) 66세 이상, 2) 지니계수(1에 가까울수록 균등)　　　　　자료: OECD · WHO, 〈World Health Statistics 2018〉

가이아나 29.2명 다음으로 높다. 노인 자살률이 전체 자살률의 2배인 점을 감안하면, 노인 자살률은 거의 세계 최고일 가능성이 높다.

한편 노인세대의 상대빈곤율(〈표 3-5〉 참조)은 45.7%로 2017년 OECD 평균인 13.5%의 3.4배에 이른다. 우리나라 노인들의 상

<표 3-6> **노인빈곤율(최저생계비 기준, 1인 가구 포함) 추이**　(단위: %)

구분	소득		지출	
	시장소득	가처분소득	소비지출	가계지출
2006	39.5	29.3	34.7	24.4
2007	40.5	29.2	34.4	25.0
2008	41.7	30.2	35.6	25.2
2009	47.8	33.6	44.6	31.8
2010	48.2	32.5	39.7	26.1
2011	48.8	35.0	40.8	26.6
2012	46.9	33.7	38.0	25.5
2013	49.1	34.5	41.7	27.8
2014	51.2	33.2	46.4	31.4
2015	51.1	28.8	44.6	30.1
2016	55.2	32.6	48.4	34.0

※ 농어가 제외, 통계청, 가계동향조사 원자료　　　　　자료: 보건사회연구원, 〈2017년 빈곤통계연보〉

대빈곤율이 높은 이유에는 조사 방법에 문제가 있다는 점을 유의할 필요가 있다. 즉 우리나라는 소득만으로 상대빈곤율을 측정하기 때문에 소득이 적거나 없어도 자산이 많은 계층을 반영하지 못하고 있다.[3] 소득 외에 자산과 주거를 포함할 경우 상대빈곤율은 약 20.6%로 추정되어 OECD 평균과의 격차가 크게 축소된다. 이러한 조사방법상의 문제를 논외로 하더라도 노인빈곤율은 지난 10여 년

동안 지속적으로 높아졌다(〈표 3-6〉 참조). 시장소득의 노인빈곤율은 2006년 39.5%에서 2016년 55.2%로 높아졌으며, 가계지출로 접근한 노인빈곤율은 같은 기간 24.4%에서 34.0%로 높아졌다. 이것은 노인소득의 양극화가 심화되었음을 보여주는 것이다.

한마디로 대한민국은 세계 선두그룹의 장수국가인 동시에, 노인빈곤 문제가 심각한 국가이며 노인자살률이 가장 높은 국가다. 언뜻 납득이 가지 않지만, 중국을 제외하면 이것이 1960년대 이후 세계 최고의 고도성장을 이룩한 우리나라 개발시대 주역들의 '민낯'이다. 그 이유는 고도성장을 이룩했으나, 양극화를 수반함으로써 소위 '패자looser' 계층이 대거 양산되어 노인계층을 구성하고 있기 때문이다.

고령층의 빈곤 원인에 대한 연구[4]에 따르면, 고령화에 대한 소득 감소의 속도가 매우 빠르다. 특히 저소득층의 경우에는 이러한 양상이 더욱 현저하며, 그 원인은 고령화에 따른 노동소득과 사업소득의 감소를 공적 연금, 공적 이전 소득, 재산소득 및 사적 연금소득의 증가가 충분히 보전해주지 못하기 때문으로 지적되었다.

생활비가 부족해 일하는 노인들

60~79세 인구 중 연금 수령자비율은 64.9%이며, 월평균 연금소득은 5~7만 원이나 10~25만 원의 연금을 받는 계층이 42.9%, 25~50만 원 연금을 받는 계층이 27.6%로 연금 소득 50만 원 이하 비중이 70.5%를 차지한다. 보건복지부가 정한 2018년 1인 가구 최

저생계비가 100만 3,000원이므로 60~79세 인구 중 25만 원 이하의 연금을 받는 28%는 연금으로 최저생계비의 4분의 1, 최저생계비가 170만 8,000원인 2인 가구의 경우는 연금으로 최저생계비의 1/7을 충당하는 데 그친다.

한편 가계금융·복지조사 결과에 따르면, 2017년 3월 말 기준으로 은퇴가구의 생활비 마련 방법에서 공적 연금의 비중은 27%에 그치고 있다. 그럼에도 불구하고 공적 수혜금이 30%로 가장 큰 비중을 차지하고 있으며, 가족의 수입이 28%, 자신의 저축은 4%에 불과한 것으로 나타났다. 은퇴 가구 중 노후 생활비가 '여유 있다'는 응답자의 비율은 8.0%에 불과하고, '부족하다'는 응답자는 62%를 차지하고 있다. 한편 60세 이상 가구는 저축액의 47%에 해당하는 부채를 가지고 있으며, 처분가능소득에 대한 원리금상환액비율$_{DSR,}$ $_{Debt Service Ratio}$은 21.5%로 은퇴 후에도 부채로 인한 원리금 상환 압박에 시달리는 것으로 나타났다.

이와 같이 노후 준비가 부족한 저소득 고령층의 비중이 60%를 넘어서기 때문에 실제 평균 62세에 은퇴하고도 생활비를 마련하기 위해 다시 일하는 비율이 높다. 55~64세 인구 중에서 취업자 비중(고용률)은 2018년 5월 현재 67.9%이며, 65~79세 인구 중에서 일하는 인구의 비중은 38.3%에 달한다.[5] 2017년 OECD 통계에 의하면, 우리나라의 65세 이상 인구의 경제활동참가율은 31.5%로 OECD 평균 14.78%의 2배 수준이다.

정리해보면, 2017년 12월 기준으로 65세 이상 노인층(731만 명)의 28%(208만 명)는 여전히 경제활동을 하고, 8%는 장기질병을 앓고 있으며, 29.5%(2016년)는 최저생계비에 미달하는 수입으로 생활에 어려움을 겪고 있다. 그러나 양극화의 다른 한편의 노인세대는 경제개발로 발생한 부의 상당량을 소유한 계층이라는 점도 주목할 필요가 있다.

그들은 왜 태극기를 놓지 못하는가

2014년 개봉되어 1,400만이 넘는 관객을 끌어 모았던 영화 〈국제시장〉은 '가장 평범한 아버지의 가장 위대한 이야기' 또는 '가족을 위해 평생을 살아온 우리 시대 아버지들을 위한 영화'라는 부제를 달고 있다. 주인공 '덕수'는 온갖 시대적 역경을 견디며 경제개발에 성공한 세대로서의 자부심과 긍지를 가지고 있다. 그 '덕수'가 2017년 겨울 시청 앞 광장에서 태극기를 휘날리며 집회에 참여하고 있다고 상상해보자. 지나친 상상일가?

'덕수' 세대가 반드시 정치적으로 보수정당과 박근혜 대통령을 지지한다고 단정할 수는 없다. 당연히 촛불혁명와 세대문제는 별개다. 그럼에도 불구하고 촛불혁명에 의한 박근혜 정권의 몰락은 노인세대에게 그에 대한 지지 여부와는 별개로 엄청난 상실감을 가져온 것만은 분명하다. '덕수' 세대는 왜 찬바람을 맞아 가며 태극기를 흔드는가? 박근혜 대통령이 물러나 구속되고, 정권이 바뀌고, 이명박 전 대통령이 구속되고, 보수정당들이 지방선거에 참패하고……. 그래도 태극기집회는 계속되고 있다. "태극기집회 노인들 외침은 일종의 인정투쟁"(〈한겨레 신문〉, 2017년 2월 7일 자)이라는 설명이 가장 타당해 보인다. 태극기집회에 참여한 많은 사람들은 박근혜 전 대통령이나 보수정권을 위해서라기보다는 박근혜 정권의 몰락과 함께 자신들이 땀 흘려 이룬 개발시대에 대한 긍지가 무너져 내리는 것에 대한 울분 때문이라고 할 수 있다.

지금 우리나라에는 자신의 시대에 대한 정체성과 자부심을 잃어버린 '상실의 세대'와 행복의 사다리를 잃어버린 '절망의 세대'가 함께 살고 있다. '덕수'의 상실감에 주목하는 이유는 행복의 사다리를 잃어버린 '절망의 세대'가 안고 있는 시대적 과제들을 해결하는 데 '덕수' 세대의 도움이 절실하기 때문이다. 문제는 '덕수'의 상실감이 '절망의 청년세대'를 돕는 시대적, 또는 세대 간 포용적 통합을 어렵게 하는 걸림돌로 작용한다는 점이다. 촛불혁명 이후, 자신들이 주역이 되어 가난을 극복하고 잘 사는 나라를 만들었다는 긍지와 존재감이 크게 훼손된 것은 물론이고, 시대의 적폐積弊나 다름없이 인식되는 사회 분위기 속에서 '덕수' 세대가 과연 그들이 젊었을 때처럼 자녀 세대의 미래를 위해 다시 나설 수 있을까? 그런 점에서 우리는 '덕수' 세대를 주목하고 그 세대의 존재감을 다시 생각할 필요가 있다.

13

절망의 청년세대,
망가진 행복 사다리

최근 서울대 행복연구센터와 카카오가 실시한 연령대별 삶의 만족도와 불안에 대한 조사[6]에 따르면, 20대와 30대가 가장 안녕하지 못하고 불안한 것으로 나타났다〈표 3-7〉 참조). 일반적으로 연령별 행복도를 측정한 조사에서 40대 중반이 가장 힘든 것으로 나온다는 점에서, 앞서의 조사 결과는 상당히 이례적이다. 온라인 조사였다는 점에서 참여도가 높은 20대와 30대의 성향이 강하게 반영된 반면, 온라인 조사에 친숙하지 못한 고령층의 성향이 제대로 반영되지 않았을 가능성도 있다. 그럼에도 불구하고 조사 결과는 충분히 수긍할 만하다.

20대와 30대가 안녕하지 못해서 한창 청춘임에도 불구하고 20대의 우울증 환자수가 급증하는 추세라고 한다. 건강심사평가원의 분석에 따르면, 2012년 대비 2016년 우울증 환자수가 10대·40대·50대는 감소했으며, 30대는 1.6% 소폭 증가에 그쳤지만 20대는 22%

〈표 3-7〉 **연령별 안녕지수와 불안지수**

구분	안녕지수(100점 만점)	불안지수(100점 만점)
10세 미만	70	30
10대	59	41
20대	52	49
30대	52	48
40대	54	45
50대	58	40
60세 이상	61	36

출처: 서울대 행복연구센터

증가하여 80대를 제외하고는 전 연령층에서 가장 높은 증가율을 보인 것으로 보고되었다.[7]

청년세대, 무엇이 문제인가?

우리 청년세대들이 인생의 가장 아름다운 시기에 이렇게 안녕하지 못하고 불안의 고통에 시달리는 이유는 무엇인가? 그 이유는 대학 졸업 – 취업 – 결혼 – 출산 – 양육으로 이어지는 보편적인 행복의 사다리가 망가졌기 때문이다. 대학을 졸업한 청년세대가 직면하는 행복의 사다리를 추적해보자.

〈표 3-8〉 망가진 '행복의 사다리'

구분	애로	양상
취업	취업난	15~29세 확장실업률(18. 7): 22.7% 좋은 일자리(18. 6): 15.4%
결혼	결혼비용 부담 과중(2억 7,000만 원)	결혼 건수(2017) 26만 4,000건, - 2007년 대비 23% 감소
출산	보육 문제	합계출산율(2018년 2분기): 0.97명
재산형성	금리 1% 시대 예금금리 2%, 2배 조성 36년 소요	부富의 계층 이동 기대난

15~29세의 실업률(2018년 7월)은 9.3%이지만 체감실업률에 가장 가까운 확장실업률은 22.7%에 달한다. 첫 번째 직장을 얻는 데 걸리는 시간은 평균 10.7개월이며, 3개월 이내가 49.6%, 3~6개월이 12%, 6~12개월 10.8%, 1년 이상도 28%에 달한다.[8] 2016년 대졸자들의 진로에 대한 조사에 따르면, 실질 취업자의 비율은 40%에 불과한 것으로 나타났다. 대학원 진학자를 제외하면, 취업률이 높은 대학들도 55% 수준에 불과하다. 심지어 취업이 안 돼 가족과의 관계가 불편해져서 가출하는 20대와 30대가 증가하고 있을 만큼[9] 취업난은 이미 경제문제의 차원을 넘어서 우리 시대를 멍들게 하는 '사회병社會病'으로 악화되고 있다.

어렵게 직장에 들어가서도 첫 일자리에서 일한 기간은 1년 2개월에 불과하다. 62.8%가 어렵게 들어간 첫 일자리를 금방 그만둔 것으로 나타났다. 직장을 그만둔 가장 큰 이유는 '근무여건 불만

78만 원 세대?

통계청 조사(2017년 가계금융복지조사)에 따르면, 30세 미만 가구주에 소득 1분위 (하위 20%)에 해당하는 가구의 월평균소득은 78.1만 원으로 나타났다. 같은 조사에서 월평균소득은 2013년 90.8만 원, 2014년 81만 원, 2015년 80.6만 원, 2016년 78만 원으로 계속 낮아지고 있으며, 저임금의 불안정한 비정규직 일자리와 1인 가구 증가가 원인으로 보인다. 한편 30세 미만 청년가구 중 연소득 1,000만 원 미만 가구는 8.1%에 불과하기 때문에, 청년시대의 월소득이 78만 원 이라고 할 수 없다는 주장도 있다.

같은 조사에서 30대 미만 가구는 2017년 기준으로 2,385만 원의 부채를 가지고 있으며, 특히 2016년에 비하면 부채가 무려 42% 증가한 것으로 나타났다. 저소득에 부채까지 안고 사회생활을 시작하는 청년세대의 어려움은 갈수록 심각한 문제로 대두될 위험이 높다.

족'이며, 구체적으로는 임금에 대한 불만족이 가장 큰 이유로 보인다. 첫 일자리의 임금은 100만 원 미만이 17.7%, 100~150만 원이 31%, 150~200만 원이 33.%, 200~300만원 미만이 15.3%, 300만 원 이상은 2%에 불과하다. 즉 첫 일자리의 거의 절반(49%)이 월 150만 원에도 못 미치는 월급을 받는다.

어렵사리 취업을 하고 나면 결혼이 기다린다. 결혼을 하고자 하면, 과다한 결혼비용이 청년세대들을 압박한다. 2017년 결혼 컨설팅업체 조사들에 따르면, 평균 결혼비용은 2억 3,000만 원 내지 2억 7,000만 원에 달한다. 이중 2억 정도가 주택을 얻는 비용이므로 전셋값이 상승할수록 결혼비용이 상승하는 구조를 가지고 있다. 2018

〈그림 3-2〉 **합계출산율과 아파트 가격 변동율 추이**   (단위: %)

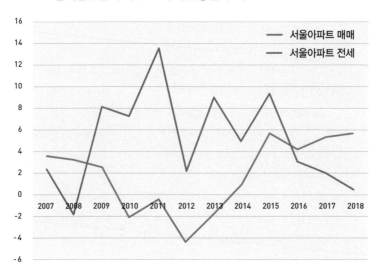

자료: KB 국민은행

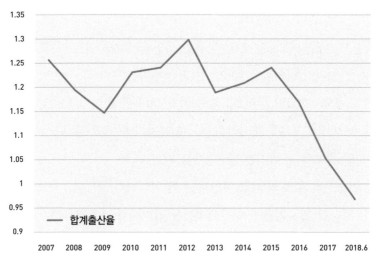

자료: 한국고용정보원, 〈한국의 지방소멸 2018〉

〈표 3-9〉 **2016년 대학 졸업자 진로**

구분	대학졸업자	남자	여자
졸업자(2016년, Ⅰ)	334,649	166,723	167,926
취업자(건강보험+국세)	191,404	96,980	94,424
해외취업자	1,210	511	699
농림어업 취업자	102	85	17
개인창작활동	1,309	265	1,044
1인사업자	2,479	1,425	1,054
프리랜서	12,842	5,074	7,768
진학자	24,490	13,829	10,661
외국유학생	6,612	2,958	3,654
취업자(건강보험)	173,462	89,620	83,842
취업자(건강보험 4차 유지, Ⅱ)	136,173	73,856	62,317
Ⅱ/Ⅰ	40.7	44.3	37.1

자료: 한국교육개발원, 2017

년 7월 현재, 수도권 주택의 평균 매매가격(KB국민은행 기준)은 4억 3,805만 원, 평균 전세가격은 2억 7,543만 원이므로 결혼 비용은 최소 3억 원이 넘은 것으로 추정된다. "자고 나면, '억' 소리……. 2030세대 '악' 소리"라는 어느 기사[10]가 사회적 공감을 얻을 만큼 주택가격 상승으로 인한 결혼비용의 상승은 청년층의 결혼 의욕을 꺾고 있다(〈그림 3-2〉 참조).

2018년 6월 현재, 합계출산율이 1명에도 못 미침에 따라 이제는 저출산 문제뿐만 아니라 저출산 추세 속도의 심각성에 주목해야 하는 상황이 되었다. 육아 문제로 갈등하다가 결국 직장을 그만둔 '82년생 김지영'의 절규는 이 소설[11]을 베스트셀러로 만들 만큼 강렬했다. 동시에 육아 부담이 저출산에 미치는 영향을 우리 사회에 일깨우는 계기가 되었다. 소설 속 이야기는 곳곳에서 사실로 확인되고 있다.[12] 고용노동부 자료에 따르면, 맞벌이 가구 여성이 가사와 육아에 쓰는 시간은 남성의 5배에 달한다고 한다. 우리나라 아버지가 아이와 보내는 시간은 하루 평균 6분으로 OECD 국가 중 가장 긴 미국 76분의 13분의 1, 일본의 3분의 1, OECD 평균 47분의 8분의 1에 불과하다. 이것은 남성 중심의 가정문화가 또 다른 저출산의 요인임을 보여준다. 육아의 어려움뿐만 아니라 자녀교육과정에서의 높은 사교비 부담과 입시경쟁도 결혼과 출산 의욕을 저해하는 요인으로 작용하고 있다.

청년세대를 암울하게 하는 또 다른 난관은 자녀들을 양육하면서 자신의 노후를 준비할 수 있도록 재산을 형성해갈 돌파구가 보이지 않는다는 점이다. 정기예금 금리가 2%라면 예금을 2배로 불리는 데는 36년이나 걸린다. 그런데 2%에도 못 미치는 저금리로 인해 종자돈을 마련하기도 어렵거니와 종자돈을 마련하더라도 저성장 경제에서 종자돈을 투자해서 자산을 증식할 수 있다는 미래에 대한 신뢰도 갖기 어렵다.

결혼을 왜?

일본 정부가 발표한 '2015년 국세 조사'에 따르면, 생애미혼율(50세에 미혼인 남녀의 비율)은 남성 23.4%, 여성이 14.1%로 나타났다. 동 비율은 2035년 남자 30%, 여자 20%로 높아질 것으로 추정되고 있다. 또한 2035년 배우자가 있는 비율이 남성은 55.7%, 여성은 49.3%에 그칠 것이며, 15세 이상 인구 중 독신자의 비율은 48%에 달할 것으로 전망된다.[13] 즉 2035년 일본은 인구의 절반이 독신인 '솔로 사회'가 된다고 한다. 우리나라는 어떨까? 2015년 인구주택총조사에 따르면, 40대의 미혼율은 남자 11%, 여자 17.7%로 나타났다. 2015년 자료를 기초로 한 통계청의 추정 결과에 따르면, 40대 여성의 미혼율은 2025년 26%, 2035년 31.6%로 추정되며, 40대 남성의 미혼율은 2025년 15%, 2035년 22%로 추정된다. 즉 2035년에는 40대 여성 세 명 중 한 명, 남성은 네 명 중 한 명이 미혼일 것으

〈표 3-10〉 **우리나라 미혼율 추정**   (단위: %)

구분	40~49세		50세 이상	
	남자	여자	남자	여자
2015	11	17.7	2.8	4.4
2025	15.3	26	6.5	7.9
2035	22.1	31.6	11.1	13.2
2045	24.2	31.5	16.9	18.7

자료: 통계청, 장래가구 추정

	2010	2012	2014	2016	2018
계	64.7	62.7	56.8	51.9	48.1
남자	70.5	69	61.5	56.3	52.8
여자	59.1	56.6	52.3	47.5	43.5

자료: 통계청, 〈한국사회조사결과〉 각호

로 추정된다(〈표 3-10〉 참조).

결혼에 대한 인식조사 결과는 미혼율의 급증을 예고하고 있다. 통계청의 〈한국 사회조사〉에서 '결혼을 해야 한다'에 대한 비율을 2010년 64.7%에서 2018년 48.1%로 감소했다(〈표 3-11〉 참조). 같은 기간 동안 남성은 70.5%에서 52.8%로, 여성은 59.1%에서 43.5%로 감소하여 남성의 결혼에 대한 의식 변화가 여성보다 더 급격하다는 점이 주목된다. '결혼을 해야 한다' 비율이 50%를 밑돌면서 더 이상 결혼이 보편적인 삶의 형태라고 보기 어려워졌다.

망가진 행복의 콘베이어 벨트를 고치자

고통과 즐거움 또는 좋고 나쁘고를 따질 겨를조차 없었던 격동의 세월을 살아온 기성세대에게는 현재 청년세대가 안고 있는 결혼·출산·육아·자녀교육의 어려움이 쉽게 이해가지 않을 수도 있다. 하지만 기성세대가 살아온 시대와 지금의 청년세대가 사는 시대는 크게 다르다는 점을 주목해야 한다. 기성세대는 가난했지만 가족공동체의 울타리 안에서 결혼·출산·육아·자녀교육을 했던 반면, 지금의 청년세대는 기성세대의 가족공동체 보호를 기대할 수 없다. 또한 기성세대는 개발의 고성장시대를 살아서 어렵기는 했으나 기회도 많았던 반면, 현재의 청년세대는 경제적·사회적 압력은 전혀 낮아지지 않았는데 저성장으로 기회가 제한된 시대를 살고 있다.

여하간 청년세대에게 결혼·출산·육아·자녀교육이 인생의 즐거운 과정이 아니라 감당하기 어려운 삶의 고통으로 인식되는 한 출산율 저하를 막기 어렵다. 특히 이러한 결과가 개인의 선택이 아니라 우리 사회와 경제의 생태적 작용의 결과라는 점에서 청년들이 결혼·출산·육아·자녀교육의 어려움 대신 '소확행'(소소하지만 확실한 행복)의 선택을 나무라기 어렵다. 그렇기 때문에 국가와 사회가 청년들의 결혼·출산·육아·자녀교육을 행복한 삶의 과정으로 편입시키는 데 최선을 다해야 한다. 이것이 기성세대의 책임이다. 기성세대가 이 책임을 감당하지 않으면 대한민국의 미래는 저성장·고령화의 수렁으로 급격히 빨려 들어갈 수밖에 없다.

14

다음 세대에 빚을 넘겨라

필자와 비슷한 나이의 개발세대들이 모이면 이야기하는 화제 중 하나가 지금 젊은 세대가 우리보다 잘 살기 어려울 것이라는 우려다. 이념 성향이 보수건 진보건 대체로 이 비관적인 전망에 대부분 동의한다. 7%대의 고성장 시대를 몸으로 살아온 개발세대로서는 저성장시대를 살아야 하는 젊은 세대들의 장래가 걱정되는 것이 당연한 일이기도 하다.

그런데 다음 세대가 자신의 세대보다 못살 것이라는 걱정은 우리나라 개발세대만 하는 것이 아니다. 미국도 그렇다. 실질소득 기준으로 1970년 4만 9,194달러에서 2016년 5만 9,039달러로 46년간 미국 가계 평균소득은 22.5% 증가했으며(〈그림 3-3〉 참조), 연 평균 0.44% 증가했다. 더구나 소득불균등 정도를 나타내는 지표인 지니계수Gini's coefficient는 1970년 0.394에서 2016년 0.481로 커져 미국 가계소득의 불균형이 심화되었다. 따라서 비록 지금 젊은 세대는 누

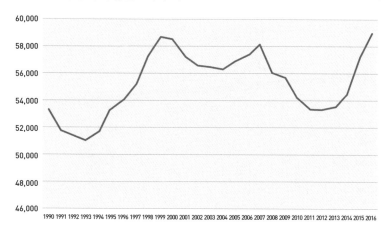

〈그림 3-3〉 **미국 가계 평균소득 추이** (단위: 달러)

※ 2016년 달러 구매력으로 조정된 실질소득   자료: 미국 통계국, 〈2016 미국 내 수입과 재산〉, 2017

구나 스마트폰을 쓰고 풍요로운 삶을 누리는 듯 보이지만, 실제 미국 가계의 삶의 질은 1970년대보다 못하다고 해도 과언이 아니다.

'잃어버린 20년'을 겪은 일본은 더욱 그렇다. 노동자 가구(2인 이상)의 월 평균 실수입은 2016년 52만 6,973엔으로 25년 전인 1991년 54만 8,769엔보다 낮은 수준이다(〈그림 3-4〉 참조). 노동자 가구의 명목소득이 25년 전보다 4% 낮은 수준일 뿐만 아니라 소비자물가지수가 5.4% 상승한 점을 반영하면 실질소득은 8.9%나 감소한 것이 된다. 따라서 엔고 거품 이후 1990년대에 사회에 진출하거나 태어난 세대들은 이전 세대에 비해 경제적 후생이 못하다고 보는 것이 타당하다.

우리나라 도시가계의 소득 추이를 살펴보면, 기성세대들의 우려

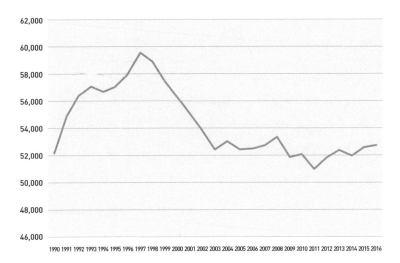

〈그림 3-4〉 **일본 노동자 가구(2인 이상) 월평균 실수입 추이**   (단위: 엔)

자료: 일본 통계청, 〈일본통계연감 2017〉

는 이미 진행형으로 나타나고 있다. 지난 25년간 도시가계 월 평균
소득의 추이는 1997년 외환위기와 2008년 세계 금융위기에 의해
소득이 큰 폭으로 감소하고 그 이후 소득 증가율이 현저하게 낮아
지는 양상을 보이고 있다. 1990년에서 1997년까지의 연 평균 가계
소득 증가율은 6.8%였다. 그러나 1998년 외환위기 때부터 세계 금
융위기 전까지의 10년 동안 도시 실질 가계소득의 연 평균증가율이
3.0%에 머물면서 외환위기 이전 증가율에 비해 절반 이하 수준으
로 낮아졌다. 다음으로 2008년 세계 금융위기의 여파로 2009년 우
리나라의 가계소득도 하락했을 뿐만 아니라 2009년부터 2016년까
지 7년 동안 연 평균증가율은 1.8%로 떨어졌다. 특히 GDP 성장률

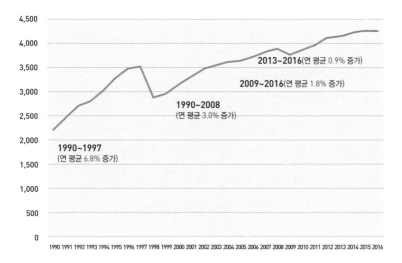

〈그림 3-5〉 **우리나라 도시가계 월평균 경상소득 추이**　　(단위: 천 원)

2013~2016(연 평균 0.9% 증가)

2009~2016(연 평균 1.8% 증가)

1990~2008
(연 평균 3.0% 증가)

1990~1997
(연 평균 6.8% 증가)

자료: 2015년 기준 실질소득

이 2%로 떨어졌던 최근 3년간 가계소득 연 평균증가율은 또 그 절
반인 0.9%로 낮아졌다. 미국과 일본의 경험을 보면 한국경제가 2%
대 GDP 성장률을 지속할 수 있다는 보장이 없다. 세계경제 여건과
한국경제의 대응 여하에 따라서 GDP 2%대 성장률이 어려울 수도
있으며, 그럴 경우 가계소득은 미국처럼 장기간 정체되거나 최악의
경우 일본처럼 장기간 감소할 수도 있다. 불쾌한 일이지만 우리는
이 냉엄한 가능성을 직시해야 한다. 문제는 가계소득 증가율이 1%
에 그칠 경우, 과연 사회안전망을 강화하기 위한 조세와 공적 분담
금의 증가를 가계가 감당할 수 있느냐 하는 것이다.

태어나지 않은 세대에게 빚을 넘겨라?

경제성장률이 낮아짐에 따라 가계소득의 증가가 정체되는 것은 불가피하다. 그럼에도 불구하고 고령화 시대에 대응하는 사회안전망을 갖추기 위해서는 정부의 사회복지지출이 계속 빠르게 늘일 필요가 있으며, 이에 따른 재원을 누가 부담할 것인가 하는 문제가 발생한다. 〈표 3-11〉에 나타난 바와 같이 우리나라의 GDP 대비 사회복지지출은 2016년 현재 OECD 평균의 절반 수준에 불과하고, GDP 대비 개인의 조세부담은 OECD 평균의 75% 수준이다.

우리나라 개인 부문의 조세부담은 OECD 평균(2015년 기준)과 비교했을 때 재산세 부담률은 오히려 높은 수준인 반면, 사회분담금은 75% 수준, 개인소득세는 55% 수준에 불과하다. 따라서 사회복지지출을 OECD 평균 수준으로 높이기 위해서는 GDP 대비 개인소득세 부담을 최소 2배, 사회분담금은 50% 이상 높아져야 한다.

그러나 여기에는 두 가지 문제가 있다. 첫째, 가계의 소득이 정체된 상황에서 조세 부담의 지속적인 증가를 감당하고도 소비 수준을 유지할 수 있는가 하는 문제가 발생한다. 둘째, 경제적으로 가계의 부담이 가능하다고 하더라도 정치적으로 국민들에게 조세 부담의 지속적인 증가를 설득할 수 있느냐 하는 점이다. 최근 발표된 국민연금의 4차 재정추계에 따르면,[14] 저출산 추세를 반영하여 합계출산율 1.05명이 2016년 이후 지속된다는 가정하에 국민연금 재정추계에서는 최대기금 적립시점이 2041년, 수지적자 시점이 2042년, 기금소진 년도를 2057년으로 전망되었다. 2018년 합계출산율은 이미 1명에도 못 미치는 0.97명에 이르러 1.05명 가정 하의 추계보다

구분	개인소득세	사회분담금	재산세	계	사회복지지출
벨기에	12.3	13.7	3.5	29.5	29
프랑스	8.6	16.7	4.1	29.4	31.6
핀란드	13.1	12.8	1.4	27.3	30.8
독일	10	14.2	1.1	25.3	25.3
덴마크	23.4	0.1	1.9	24.7	28.7
스웨덴	13.2	10	1.1	24.3	27.1
일본	5.7	12.1(2015)	2.5	20.3	23.1
캐나다	11.6	4.8	3.8	20.2	17.2
영국	9.1	6.3	4.2	19.6	21.5
미국	10.5	6.2	2.7	19.4	19.3
대한민국	4.6	6.9	3	14.5	10.4
OECD평균	8.44	9	1.9	19.3	21

※ 사회분담금: 기업분담금 포함, 재산세: 기업 재산세 포함   자료: OECD

제도부양비율(노령인구 수급자 수/연금 가입자 수)이 빠르게 높아짐으로써 국민연금의 재정건전성이 조기에 악화되는 것이 불가피하다. 따라서 국민연금의 재정건전성을 최대한 유지하기 위해서는 현재 연금 가입자의 부담률을 높이거나, 연금 개시연도를 미루는 조치가 필요하다.

만약 정부가 국민들에게 연금부담율 인상을 설득하기 어렵다는 이유로 부담율 인상을 최소화하거나 연금 개시연도를 연기하지 못한다면, 결국 국민연금의 수지적자와 기금소진 시점이 앞당겨져 다음 세대에게 부담을 넘겨줄 수밖에 없다. 이 문제에 대하여 일본의 사례(〈표 3-12〉 참조)는 '타산지석'으로 삼을 만하다. 소위 '잃어버린 20년'에 빠진 일본은 GDP 대비 사회복지지출 비율을 1995년 13.9%에서 2005년 17.6%로, 2015년 22.4%로 지속적으로 높였다. 동시에 GDP 대비 재정적자 비율은 1995년 94.7%에서 2005년 176.2%로, 2015년 237.4%로 높아졌다. 즉 일본은 고령화의 진행에 대응하여 사회복지 지출의 부담이 증가한 결과 재정적자가 발생하고, 국채 발행으로 이 적자를 충당함으로써 국가 채무를 쌓아왔다. 즉 현재 세대의 복지비용을 다음 세대에게 떠넘긴 것이다. 2017년 현재 개인의 근로소득세 부담율은 경기 진작을 위해 1995년보다 무려 27%나 낮다.[15] 그 결과 2015년 일본 중앙정부 일반회계 세입 결산에서 조세비중은 55.4%, 국채발행 비중은 38.2%로 나타났으며, 2015년 세출 총액의 32%를 사회보장 부문에, 국체 이자에 23.1%를 지출하는 기형적인 구조를 보였다.

일본의 사례는 현 세대가 사회복지지출 부담을 수용하지 않는다면, 아직 태어나지도 않았거나 태어났다고 하더라도 부모 세대가 자신들에게 어떤 짐을 떠넘겼는지 알지 못하는 유년 세대에게 그 부담을 넘기는 결과를 가져온다는 것을 보여주고 있다. 저위 가정의 인구추계로는 노령부양비율(65세 이상 인구/15~64세 인구)은 2020년 22%에서 2036년 50%(젊은이 두 명이 일해서 노인 1명을 부양), 2065년 97.5%로 비율이 거의 1대 1에 달하게 된다. 고령화로 인해 다음 세

〈표 3-12〉 한국과 일본의 사회복지지출의 대GDP비율 추이 　　　(단위: %)

구분	한국		일본	
	사회복지지출/GDP	재정적자/GDP	사회복지지출/GDP	재정적자/GDP
1995	3.07	-	13.87	94.7
1996	3.23	-	14.1	101
1997	3.48	-	14.3	110.3
1998	4.84	-	15.01	120.4
1999	5.77	-	15.84	132.8
2000	4.53	-	16.09	142.6
2001	4.93	17.7	16.72	148.9
2002	4.8	17.6	17.16	159.1
2003	5.07	20.4	17.15	168.9
2004	5.73	23.3	17.32	175.4
2005	6.14	27	17.56	176.2
2006	7	29.3	17.71	176.2
2007	7.12	28.7	18.11	177.7
2008	7.64	28	19.37	181.6
2009	8.5	31.2	21.46	202.8
2010	8.23	31	21.77	207.5
2011	8.17	31.6	22.85	222.3
2012	8.7	32.2	22.96	230.4
2013	9.27	34.3	22.69	233.2
2014	9.69	35.9	22.5	238.5
2015	-	37.8	22.4	237.4
2016	-	38.2	-	-

대에 넘어가는 자연적인 부담만으로도 고통스러울 텐데, 현재 노령 세대조차 우리가 책임지지 못해서 다음 세대에 빚을 남긴다면, 한국경제의 장래는 더욱 암울할 수밖에 없다. 진정으로 미래 세대의 장래를 걱정한다면, 최소한 우리 세대가 쓴 빚을 다음 세대에게 떠넘기는 손쉬운 유혹을 마땅히 떨쳐버려야 한다.

Ⅳ. 대한민국의 선택

포용적 성장은 사회 전반에 공정하게 배분되고 또한 사회 구성원 모두에게 기회를 주는 성장이다.

OECD, Inclusive Growth

소득재배분 정책은 흔히 불안정하고 저소득층을 지원하고자 하는 의도와는 반대방향으로 작용하기 쉽다. 왜냐하면 소득재배분 정책은 소득불균등을 가중하는 동시에 시장 메커니즘의 효율성을 저하시키기 때문이다. 따라서 이런 정책은 보수주의자든 진보주의자든 반대해야 마땅하다. 그럼에도 불구하고 이런 정책은 특정한 의도가 지배하는 시스템에 의해 흔히 채택된다.

Alen S. Blinder
Hard Heads, Soft Hearts,
1987

15

촛불혁명과 경제

박근혜 정부를 무너뜨린 촛불혁명은 정치적 변혁에 그치지 않고 한
국경제의 패러다임에도 변화를 가져왔다. 세월호 사건과 국정농단
사건을 계기로 박근혜 정부에 대하여 "이게 나라냐?"는 물음으로
정권의 정당성에 문제를 제기했다. 연인원 1,000만 명이 넘는 국민
들이 참여한 민의를 바탕으로 탄핵소추안을 발의되어 헌법재판소
의 판결을 통해 박근혜 정권은 붕괴되었다. 이후 2017년 5월 9일,
제19대 대통령 선거를 통해 문재인 정부가 탄생했다. 문재인 정부
는 '촛불혁명'이라는 특별한 정치적 상황을 배경으로 탄생한 정권이
다. 이러한 정체성 때문에 문재인 정부는 경제의 틀을 넘어선 정치
중심의 정권이며, 또한 경제 운영의 중심을 기업 대신에 국민을 중
심으로 하는 정부라는 특성을 가지고 있다. 따라서 문재인 정부가
과거 보수정권이 추진해왔던 수출과 기업 투자 중심의 성장 정책을
그대로 지속할 수는 없음은 당연한 일이다.

문재인 대통령은 민주당 대표 시절 소득주도성장론을 제기하고, 이를 대통령 선거 공약으로 제시함으로써 소득주도성장 정책을 새로운 경제의 패러다임으로 내세운 것은 정치 우위 정부의 일관된 결과라고 해석된다. 국민들은 정권의 변화를 원했으며, 소득주도성장 정책은 이 변화의 여러 묶음 속에 국민들이 함께 선택한 결과가 되었다. 경제정책 방향이 대통령 선거의 핵심 쟁점이었다면, 국민들은 소득주도성장 정책을 선택했다고 볼 수도 있다. 그러나 19대 대통령 선거는 국민들이 문재인 대통령에게 소득주도성장 정책 자체를 위임했다기보다는 정권 교체와 이에 따른 경제정책의 변화를 위임했다고 보는 편이 타당할 것이다.

문재인 정부가 추구하는 소득주도성장 정책은 크게 세 가지 주목할 만한 특징을 가지고 있다. 첫째, 종래의 성장률 중심의 경제정책을 국민의 생활 중심으로 전환했다. 국민생활에 가장 중요한 요소는 소득이고, 이 소득을 시장에서 얻지 못하는 계층에게는 정부가 적극적으로 개입해서 소득을 지원하겠다는 것이다. 둘째, 성장의 동력을 종래의 대기업에서 중소·혁신기업 위주로 전환하겠다는 것이 혁신성장 정책의 핵심이다. 셋째, 중소기업 등 경제적 약자들이 대기업으로부터 불이익을 받지 않고 대등하게 경쟁할 수 있는 공정경쟁 여건을 만들자는 것이다.

소득주도성장 정책의 성과 여부를 떠나서 문재인 정부 경제정책의 프레임은 두 가지 측면에서 주목할 만하다. 첫째, 과거의 양적 성장 위주의 경제정책에서 국민의 삶의 질 향상 쪽으로 경제정책의 초점을 바꾸었다. 둘째, 경제정책의 핵심 과거 성장과 고용을 촉진하기 위한 기업 중심의 경제정책으로부터 가정과 개인의 생활 중심으로 전환했다는 점이다.

소득주도성장론의 본질은 포용적 성장론

앞서 기술한 소득주도성장론의 내용은 OECD를 비롯한 국제경제 기구들의 주창하고 있는 '포용적 성장론Inclusive growth policy'의 내용과 거의 일치한다. OECD가 제기하는 '포용적 성장론'의 핵심은 GDP로 대변되는 규모 위주의 경제를 추구하는 것으로는 충분하지 않으며, 성장의 과실이 국민 모두에게 배분되어야 한다. 그래서 국민 생활의 질적 향상을 중심 가치로 두어야 한다는 것이다. 한편 포용적 성장론은 사회 구성원들이 사회 운영 시스템이 공정하고 효율적으로 운용된다는 신뢰를 가지고 있어야 한다는 점을 중시한다. 그런 점에서 '촛불정신'은 포용적 성장론에 부합한다. 소위 '이게 나라냐?' 하는 물음이 대변하는 바는 우리 국민들 다수가 사회 시스템이 공정하고 효율적으로 운영되고 있다는 신뢰를 잃었다는 것이다. 이러한 국민적 공감대가 '촛불혁명'을 초래했다는 점은 앞서 기술한 포용적 성장론과도 상통한다. 즉 세계적인 시대정신에 부합하여 보편타당성을 가진 포용적 성장론과 문재인 정부의 소득주도성장론이 일치한다면, 무엇이 문제이고, 무엇이 잘못되었는가?

포용적 성장론과 소득주도성장론의 차이

앞서 언급한 바와 같이 포용적 성장론은 분배와 사회적 신뢰를 제고함으로써 종래의 수요주도성장론 내지는 규모위주성장론의 부작용을 개선하기 위한 보완적인 대안 정책을 제시하고 있다. 그러나 포용적 성장론은 본질적으로 성장 그 자체를 추구하는 정책 패러다임이 아니다. 그런데 문재인 정부의 소득주도성장론은 접근 방법이 다를 뿐, 그 자체가 적극적인 성장 정책 패러다임으로 제시되고 있다. 이 점이 크게 다른 점이다. 즉 소득주도성장 정책이 관용적 성장 정책이나 임금주도성장 정책과 대비되는 '성장 정책'의 패러다임으로 과대포장되어 있다는 데 근본적인 문제가 있다.

포용적 성장론에서 분배 개선을 위한 임금의 적극적인 인상이 정책 수단으로 권유되고 있으나, 임금 인상 자체는 경제성장을 도모하는 핵심 정책으로 자리하고 있지 않다. 문재인 정부의 소득주도성장 정책의 틀에서 최저임금 인상이 과도하게 정책목표로 자리한 이유는 그 자체가 노동자의 소득을 높이기 위한 핵심 정책으로 제시되어 추진되기 때문이다. 문제는 소득주도성장 정책이 국민들에게 잘못 전해지고, 더구나 정책마저 잘못 운용함으로써 국민들의 신뢰를 얻지 못하고 있다. 그리고 시장의 역풍逆風을 초래하여 어려움에 직면해 있다.

2018년 10월 현재, 한국경제는 잠재성장률에 근접한 2.6%의 성장률로 양호한 상태임에도 불구하고 경기는 동행지수 순환변동치가 2009년 6월과 같은 수준에 머물러 세계 금융위기 직후와 비슷한 상황이다. 그리고 고용은 실업자가 9개월 연속 100만 명을 초과하여 금융위기를 갓 벗어난 2010년 초와 상황이 비슷하다. 이와 같이 성장과 경기, 고용이 서로 다른 상황을 보이는 이유는 소수의 부가가치가 높은 산업(단적인 예로 반도체)의 성장으로 성장률은 높게 보이지만, 이것이 산업 전반의 경기나 일자리 창출과는 무관하기 때문이다. 즉 수출-제조업-대기업 주도의 성장경제로는 더 이상 적정한 고용 수준을 유지할 수 없음이 분명하다. 이 점에 있어서는 수출-제조업-대기업 주도의 경제 패러다임을 지속할 수 없다는 소득주도성장 정책의 지적이 타당하다. 문제는 소득주도성장 정책이 제시하는 바와 같은 내수-서비스업-중소기업 주도 경제 패러다임은 성장동력 자체가 없으며, 이 문제는 재정 지원으로 시간을 끈다고 해서 해결될 수 있는 차원의 문제가 아니다.

이런 점들 때문에 소득주도성장 정책은 명백한 한계를 안고 있다. 내수시장과 서비스산업은 경제성장을 주도할 역동성은 고사하고 장기침체와 저부가가치로 그 자체가 성장의 장애물이 되고 있기 때문이다. 따라서 진정으로 내수-서비스업-중소기업 주도의 성장을 추진하고자 한다면, 산업 구조의 혁신과 특히 노동시장의 구조 개혁이 절실하다. 노동시장의 유연성 확보를 위한 구조 개혁은 촛불혁명으로 잊혔으며, 문재인 정부는 최저임금 인상에 행정력을 모조리 쏟아붓고 있는 실정이다.

그럼에도 불구하고 고용대란과 부동산 정책의 실패로 인해 문재인 정부는 경제정책 자체에 대한 신뢰성 문제에 직면하는 상황에 이르렀다.

16

소득주도성장 정책과
혁신성장

소득주도성장 정책의 뿌리 I - 소득정책

소득정책을 경제 패러다임으로 내세운 정부는 1950년대 말에서 1960년대 초반까지의 네덜란드 정부를 제외하고는 세계적으로도 전례를 찾기 어렵다. 한국경제가 새로운 패러다임을 필요로 하고 있는 것은 분명하다. 그러나 과연 소득정책이 한국경제를 구할 새로운 패러다임이 될 것인가? 또는 진보 정권의 정책 실험으로 끝나면서 한국경제에 상처를 남길 것인가?

문재인 정부의 소득주도성장 정책을 제대로 파악하기 위해서는 그 뿌리에 해당하는 '소득정책income policy'을 살펴볼 필요가 있다. 대략 세 가지 개념의 소득정책이 있다. 첫 번째는 거시경제학에서 주로 쓰였던 소득정책으로 케인지언 모형에서 실업률을 낮추기 위해 총수요확대정책을 쓸 경우, 수반되는 인플레이션 압력을 완화하기 위해 정부가 임금·이자 등 요소 가격의 인상 억제를 이해집단에게 설득하거나 직접 통제하는 정책적 노력을 말한다. 영국은 제2차 세계대전 중 전시 경제의 물가상승 억제를 위해 요소 가격 통제를 성공적으로 실시한 바 있다.

둘째, 총수요확대정책 또는 인플레이션 억제와는 별개로 분배의 개선이나 경제적 약자들에 대한 지원을 목적으로 기초생활의 보장, 최저임금의 보장 등 소득정책이 네덜란드에서 1959년에서 1963년까지 실시[1]되었다. 그러한 정책의 일환으로 임금과 임대료를 주변 유럽국가 수준으로 인상하는 정책이 추진된 바 있으며, 이후 복지와 분배 개선정책으로 각국에 확산되었다.

셋째, 2008년 세계 금융위기 이후 국제노동기구ILO, 국제연합무역개발회의UNCTAD[2] 등 국제기구에서 임금 인상을 통한 소득분배 구조 개선이 지속적인 성장의 조건이라는 소위 '임금주도성장론Wage-led Growth Model'이 제기되었다. 2008년 세계 금융위기 이후 세계경제가 장기침체에 빠져 총수요의 장기부족 문제가 대두되고 있다. 그러나 케인지언의 전통적인 재정정책이나 금융정책은 효과가 없음이 드러남에 따라 다른 정책 대안을 모색하게 되었으며, 그 대안 가운데 하나로 총수요의 장기 부족의 원인을 소득분배 구조의 악화에서 찾아 소득분배 개선을 위한 정부의 적극적인 역할이 지속성장에 필수적이라는 '임금주도성장론'이 주목을 받게 되었다.

소득주도성장 정책의 뿌리 II - 임금주도성장론

문재인 정부의 소득주도성장론은 분배를 개선하는 차원을 넘어서 새로운 경제 패러다임으로 소득정책의 위상을 설정함으로써 앞서 소득정책을 주창해왔던 UNCTAD나 ILO보다도 강하게 소득정책의 역할을 성장을 주도하는 정책으로 내세우고 있다는 점이 특징이다. 임금주도 성장론은 기존 주류 경제학의 성장론을 이윤주도 성장론으로 규정하고 그 문제점을 비판함으로써 이론 체계를 전개해왔다. 두 체계의 핵심적인 차이는 임금·투자·소득의 역할이 다르게 설정되어 있다는 점이다.

임금은 생산 주체의 비용인 동시에 소비의 원천으로써 양면성을 가지고 있다. 이러한 임금의 이중적인 역할 중에서 임금주도성장론은 소비의 원천인 임금의 역할을 중시하는 반면, 이윤주도 성장론은 생산자의 비용 측면에서 임금의 역할을 중시한다. 임금의 어떤 역할을 중시하느냐에 따라 투자의 성격도 다르게 정의된다. 임금주도 성장론의 기본 틀은 임금 상승이 소비 지출의 증가를 가져오고, 소비 지출의 증가가 다시 투자 지출의 증가로 이어져 성장률이 높아진다는 것이다. 따라서 투자는 소득의 내생변수가 된다. 반면 이윤주도성장론에서 투자는 기대수익률과 이자율의 관계에 의해 결정되는 외생변수이며, 임금 상승은 소비를 증가시키는 역할도 하지만 동시에 투자의 기대수익률을 저하시키므로 투자를 저해하고 따라서 소득 증가를 저해하는 작용을 한다.

임금주도성장론의 장점은 임금 상승이 상당 기간에 지속될 경우 부채 증가를 수반하지 않고 소비를 지속적으로 증가시킴으로써 지속성장을 가능케 한다. 또 소득이 지속적으로 상승함으로써 성장과 더불어 소득분배의 개선을 함께 추구할 수 있다. 임금 상승을 통해 성장과 소득분배의 개선이라는 두 가지 효과를 함께 거두기 위해서는 금융시장의 안정이 필수적이며, 금융 안정을 확보하기 위한 금융 규제의 강화가 요구된다. 반면 이윤주도성장론의 틀에서 보면, 임금 상승은 기업의 비용을 상승시켜 투자 수요를 줄여서 오히려 소득 감소와 고용 수준을 낮춘다. 그 결과, 소득분배를 보다 악화시키는 결과를 낳는다.

정부는 조세정책·복지정책·노동정책 등을 통해 소득분배에 영향을 미칠 수 있다. 특히 노동정책을 통해 최저임금을 인상하거나 노동조합의 협상력을 높여 임금을 인상함으로써 소득분배 개선을 도모하는 것이 소득주도성장 정책의 핵심이다. GDP 중 임금 비중의 증대는 단기적으로 총수요의 증대를 가져오는 반면, GDP 중 이윤 비중의 증대는 총수요의 감소를 가져온다. 뿐만 아니라 장기적으로는 임금 비중의 증대는 투자 지출의 증가를 가져온다는 주장이다. 결국 임금 인상이 지속적으로 추진되어야 지속가능한 성장 모델로서 성립할 수 있다. 문제는 과연 단기적으로 소비는 물론, 장기적으로 투자를 증대시킬 수 있을 만큼 임금을 지속적으로 올려줄 수 있느냐가 문제다.

소득분배 상태가 소비에 영향을 미친다는 것은 일반적으로 인정될 뿐만 아니라 소득의 양극화가 진행될수록 중요한 요소로 평가된다. 저소득층의 평균소비성향이 고소득층의 평균소비성향보다 높기 때문에 소득분배 상태가 개선될수록 소비가 증대할 것으로 기대할 수 있다. 또한 조세 등으로 소득재분배 효과가 강화될수록 저소득층의 높은 한계소비성향으로 인하여 소비가 증대할 것으로 기대된다.

소득주도성장 정책의 성공 조건

소득정책이 성공하기 위해서는 몇 가지 조건이 필요하다. 첫째, 임금 인상으로 GDP 배분에서 임금의 비중을 높이려면, 최소한 고용이 감소해서는 안 된다. 기업들이 임금 인상에 대응하여 고용 규모를 늘이지 않는다면, 전체적인 노동 소득증대는 단기에 그칠 것이다. 따라서 임금 인상에도 불구하고 고용 규모의 확대하기 위해서는 노동시장의 신축성이 필요하다. 그러나 단기적으로 고용의 신축성 보장은 임금 인상에 대응한 기업의 고용 감소를 초래할 위험이 있다. 그래서 GDP상의 임금 비중 확대가 가져올 효과는 미미할 수도 있다. 둘째, 소득정책 추진에 대한 국제적 공조가 필요하다. 임금 인상은 상품의 수출경쟁력과 직결되므로 어느 한 나라만 소득정책을 추진하고 경쟁국은 그렇지 않을 경우, 수출경쟁력 약화로 이어져 임금 인상을 지속적으로 추진할 수 없어진다. 셋째, 금융시장에서 투기를 통한 부의 분배구조가 악화되지 않도록 규제를 강화할 필요가 있다.

소득정책의 기대 효과와 한계

그렇다면 임금주도 성장은 과연 지속적인 성장 정책으로서 얼마나 효과적인 정책인가? 앞서 이야기한 것처럼 임금 상승을 통한 지속적인 소득증대와 소득분배 개선 효과를 거두기 위해서는 상당한 기간 동안 정책을 지속해야 한다. 하지만 다음과 같은 문제점들이 도사리고 있다. 첫째, 소득정책을 통한 소득분배 개선이 소비를 증대시키는 데 과연 효과적인가? 미국의 경우 검증 결과에는 소득재분배를 통한 소비증대 효과가 기대만큼 크지 않은 것으로 나타났다.[3] 그 이유는 조세나 복지제도의 개혁으로 저소득층의 소득이 지속적으로 개선될 것으로 기대되는 경우, 저축을 통해 부의 축적을 도모하고자 하는 유인이 작용해 소비증대 효과는 약화된다는 것이다. 둘째, 임금 상승을 통해 지속적인 소득증대와 소득분배가 개선되기 위해서는 상당 기간 동안 일정한 정도의 임금 상승이 이루어져야 하는데 기업들이 이것을 감수할 수 있는가 하는 점이다. 중국이나 미국처럼 내수시장이 상대적으로 큰 경제의 경우에는 임금 상승의 소비증대 효과가 상대적으로 빠르고 강하게 나타나지만, 우리나라처럼 총수요에서 수출이 차지하는 비중이 큰 경제에서는 수출 가격경쟁력이 떨어져 임금 인상을 오랫동안 지속적으로 추진하기 어렵다. 셋째, 임금 상승을 통해 단기적으로 경기회복이나 완전고용을 이루기 어렵다는 점은 임금주도성장론자들도 인정하고 있다. 그렇기 때문에 경기회복을 위해서는 단기적으로 확장적 재정금융정책을 써서 보완해야 한다. 넷째, 소득분배 개선을 위한 금융규제와 조세정책 등은 경제의 혁신 촉진 시스템을 손상할 우려가 있다.

소득정책의 배경에는 정부에 의한 소득 창출로 수요 부족을 해소하겠다는 것이 깔려 있지만, 현실적으로 소득정책의 추진과 성공 가능성을 높이는 최선의 조건은 수출 호조로 수요 부족이 발생하지 않도록 하는 것이다.

문재인 정부가 들어서기 전에도 소득증대를 위한 정부의 적극적인 정책들이 실시되고 있었다.[4] 문재인 정부가 실시한 소득정책

가운데 가장 주목할 만한 것은 2020년까지 최저임금을 1만 원으로 인상하겠다는 방침이다. 최저임금위원회는 2018년 최저임금을 16.4% 인상한 7,530원으로 결정했다. 최저임금 인상률이 이명박 정부 2.8~6.1%, 박근혜 정부 7~8%였던 것과 비교할 때, 2018년 인상율 16.4%는 소득정책의 실시를 실감하기에 충분하다. 특히 앞으로 2년 동안 계속 16.4%씩 인상하면, 2020년에는 10,202원으로 문재인 정부가 공약한 '최저임금 1만 원 시대'가 열릴 수 있다는 점에서 2018년 16% 인상율은 특별한 의미를 가지고 있다. 한편 최근 고용노동부는 박근혜 정부의 거의 유일한 노동개혁 성과인 '쉬운 해고'와 '취업규칙 변경 조건 완화' 양대 노동지침을 폐지했다. 노동지침의 폐기는 직접 임금 인상은 아니지만 노동조합의 협상력을 높여준다는 점에서 소득정책의 일환으로 볼 수 있다. 한편 정부 주도로 81만 개의 일자리를 만들어 소득을 창출하겠다는 정책 역시 소득주도 정책의 일환으로 볼 수 있다.

혁신성장 정책은 한국경제의 희망을 만들 것인가

문재인 정부는 2017년 7월 25일 발표한 〈새정부 경제정책방향〉에서 '혁신성장론'을 제시했다. 과도한 규제와 관행 때문에 중소기업의 혁신 역량이 저하되어 있기 때문에 생산성 중심 경제로 전환하겠다는 것이 골자였다. 즉 수요 측면에서는 일자리 중심과 소득주도 성장으로, 공급 측면에서는 혁신성장을 추진하여 '분배와 성장이 선순환하는 사람 중심 지속성장 경제를 구현'하겠다는 것이다.

'소득주도성장 정책'은 분배구조 개선을 도모하는 것이고 '공정경제'는 대기업의 횡포로부터 중소기업들의 이익을 보장하는 것이라면, 경제의 지속성장에 가장 중요한 요소인 경제의 역동성 확보는 '혁신성장 정책'의 몫이다. 따라서 정부는 결코 성장을 외면한 것이 아니라고 답하는 것처럼 보인다. 그러나 문재인 정부가 내세운 '소득주도성장', '혁신성장', '공정경제'의 경제정책 프레임에는 성장의 역동성 확보의 핵심인 '시장'과 '기업'과 '생태계'가 보이지 않는다. 대신 '정부'와 '노동자'와 '정책'이 중심에 있다. 시장의 신뢰를 얻지 못하고, 역사적으로 정부의 일방적인 정책으로 경제를 살린 경우는 없었다. 또한 '혁신'의 주체인 대기업은 외면한 채 중소기업·벤처기업에 의한 혁신성장 정책으로 경제의 역동성을 살릴 수 있을 것인가?

만약 이 문재인 정부의 지속성장 정책이 성공한다면, 최근 국제기구들이 주창하는 '포용적 성장inclusive growth'을 넘어서는 세계적인 성공 사례로 평가될 것이다. 분배와 성장이 선순환하는 경제 시스템이야말로 시장경제체제가 간절히 소망해왔으나 이루지 못했던 이상이다. 혁신주도경제의 성장 엔진은 혁신에 대한 보상 시스템인데, 문제는 이 보상 체계가 소득정책이나 경제적 약자 보호를 위한 경쟁제한 정책들과 상충한다는 점이다. 특히 우리나라는 광범위하고도 세밀한 규모의존 규제로 중소기업과 소상공업을 보호해왔기 때문에, 이와 상충하는 문제가 발생할 가능성이 크다.

대표적인 문제가 앞서 지적한 최저임금의 인상이다. 혁신으로 중소기업과 소상공업자들의 생산성을 높여서 최저임금의 지속적인 인상을 감당함으로써 소득정책과 혁신주도 경제의 선순환을 이룰 수 있다는 생각에 기초한 정책이다. 그러나 우리 경제의 현실이 이러한 선순환 조건과 거리가 멀다는 점은 더 설명할 필요가 없다. 문제는 소득주도 경제와 혁신주도 경제가 시장 참여자들에게 어떤 신호를 주고, 그 결과가 시장 내부의 경제활동에 어떻게 작용하는가에 있다. 왜 OECD 등 국제경제기구들이 양극화 문제에 대하여 문재인 정부와 같은 적극적인 소득주도 정책을 권유하지 않고, 기껏 '포용적 성장 정책'을 권고하는 데 그쳤는지 다시 한 번 생각해볼 필요가 있다. 문재인 정부는 어느 나라의 정부도 피한 적이 없는 성장과 분배의 상충과 한계를 극복할 수 있다고 보는 것으로 해석된다. 그러나 우리가 우려하는 것은 현실적으로 이 상충과 한계의 극복이 어려워지면, 과연 한국경제는 어떻게 될 것인가 하는 점이다.

포용적 성장 정책은 필요하지만

양극화와 소득분배의 개선을 위한 소득정책은 분배 개선뿐만 아니라 지속적인 성장을 위해서도 필요하다. 그러나 소득정책이 양극화와 분배 개선을 위한 보정정책의 차원을 넘어서 성장 정책의 프레임으로 추진하는 것은 성공보다 실패의 위험이 크다고 본다. 그 이유는 소득정책 자제가 암묵적으로 수반하는 정책적 기회비용의 크기가 소득정책 효과보다 클 수 있기 때문이다. 첫째, 분배 개선을 위한 소득정책이 성장 정책과 직접 상충할 가능성이 크다. 한국경제가 지속적으로 성장하기 위해서는 구조개혁이 필수적이지만, 문재인 정부의 경제정책은 구조개혁의 필요성 자체를 외면하고 있다. 즉 소득정책은 구조개혁 정책의 기대효과를 기회비용으로 치르고 있다. 둘째, 소득정책 프레임을 통해 정부가 가계와 기업에 주는 신호는 가계의 소비와 기업의 투자에 영향을 미침으로써 최종적으로는 경제성장에 중요한 결과를 가져올 수 있다. 그러나 우리는 그것이 어떤 결과로 이어질지 모른다. 특히 소득주도 정책이 고용과 기업의 투자에 어떤 영향을 미치게 될지 우리는 알지 못한다. 특히 최저임금의 대폭 인상과 노동지침의 폐기는 기업의 노동비용 부담을 높이고 고용의 경직성을 강화하는 결과를 가져온다. 그 결과 고용주들이 고용을 기피할 유인이 늘어나는 것은 쉽게 예상되는 바다. 양질의 일자리 창출은 문재인 정부 소득정책의 핵심이다. 그런데 문재인 정부의 정책은 의도와 달리 일자리를 창출하기보다 오히려 위축시킬 위험을 안고 있다.

소득주도성장 정책을 약藥으로 비유하면, 이 약의 효능은 적극 복용하고 싶을 만큼 매력적이지만, 복용 후 부작용에 대해서는 잘 알지 못하는 약과 같다. 부작용을 잘 알지 못하는 약은 조심스럽게 쓰는 게 답이다. 즉 양극화와 소득분배 개선을 위한 보완적 정책으로서 소득정책을 추진하는 것은 필요하고 타당하다. 그러나 지속성장 정책의 프레임으로 소득정책을 추구하는 것은 혁신주도 경제로의 전환을 어렵게 하고 혁신의 생태계 자체를 위협할 수 있다는 점에서 우려스럽다. 그렇기 때문에 소득주도 정책을 추진하더라도 범위와 정도를 한정하여 혁신주도 시스템이 작용할 유인을 확보하는 것이 바람직하다.

성장과 복지의 순환구조

한국은행의 한 보고서[5]에 따르면, 노동생산성과 연령별 경제활동참가율이 지속된다는 가정 하에서 우리나라 연평균 성장률은 인구고령화로 인해 2016년부터 2025년까지 1.9%, 그 이후는 10년의 연평균 성장률은 0.4%, 2036년 이후는 0%로 전망하는 보고서가 나왔다. 이 보고서는 고령화 대책을 제대로 추진하지 않는다면, 문재인 정부 집권기간 중에도 잠재성장률은 2%에 미치지 못하며, 특히 2020년대 경제성장률은 1%대에 그칠 것이라는 암울한 메시지를 주고 있다.

특히 재정 부문에서 복지 지출이 급격히 늘어남에 따라 우리 경제는 정부의 소득주도성장 정책이 의도하는 바와 같이 분배와 고용이 개선될 수도 있을지 모른다. 그리고 지속적으로 확대되는 소비

〈그림 4-1〉 **경제와 복지의 순환구조**

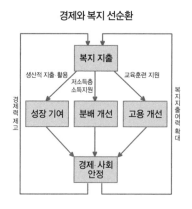
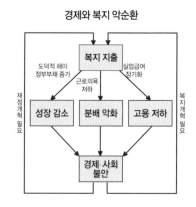

자료: 한국은행, 〈글로벌 사회복지지출의 특징과 시사점〉(2017)

지출이 성장을 이끄는 선순환 구조로 이행할 수도 있다. 반면 복지지출의 증가는 고용의 저하를 가져오고 기업의 투자를 위축시켜 성장을 어렵게 하는 악순환 구조에 빠질 수도 있다. 따라서 우리 경제는 복지지출 확대와 성장잠재력 간의 관계에 있어 중대한 갈림길에 놓여 있다고 할 수 있다.

17

문재인 정부
경제정책의 문제점

우선 현재 경기의 상태를 보여주는 대표적인 지표인 경기동행지수 순환변동치는 작년 5월 100.7에서 금년 9월 98.6으로 낮아졌다. 경기동행지수 순환변동치가 100 이상이면 경기가 호황 국면에 있음을 의미하고, 100 이하면 불황 국면에 있음을 의미하기 때문에, 작년 5월 100.7과 금년 9월 98.6의 경제적 의미는 크게 다르다. 생산 확산지수는 2017년 5월과 2018년 9월을 놓고 봤을 때, 광공업은 56.7에서 37.3으로, 서비스업은 65.7에서 47.0으로 낮아져 확실히 경기가 악화되었음을 보여주고 있다. 그럼에도 불구하고 정부는 여전히 경제가 회복 국면에 있다고 국민들을 설득하고 있다. 하지만 문재인 정부의 집권 이후 경기가 지속적으로 악화되었음은 부인할 수 없는 사실이다.

한편 고용률(15세 이상)은 작년 5월 61.5%에서 금년 8월 61.2%로 0.3%포인트 낮아졌다. 특히 20세에서 29세까지의 고용률은 58.6%

에서 58.1%로 0.5%포인트 낮아진 반면, 60세 이상 인구의 고용률은 41.5%에서 41.8%로 0.3%포인트 높아져, 청년층의 고용은 줄어들고 노년층의 고용은 증가했다. 전반적으로 고용구조가 악화되었음을 보여주는 것이다. 역설적인 사실은 분배구조의 개선을 위한 소득주도성장 정책에도 불구하고 금년 2분기 소득 상위 20% 가구의 명목소득은 전년 동기에 비해 10.3% 증가한 반면, 하위 20% 가구의 명목소득은 오히려 7.6% 감소한 것으로 나타났다.

정부의 소득주도성장 정책의 의도와 반대로 저소득층의 소득이 오히려 감소했다는 통계에 대해서는 조사표본의 교체 등 논란의 여지들이 있다. 그러나 최저임금의 대폭 인상에 따른 노동시장의 밀어내기 효과(구축효과)로 저소득층의 취업이 더 어려워서 오히려 소득이 감소하고 분배구조가 악화되었다는 결과는 충분히 예상된 부분이기도 하다.

경제성장률은 2017년 상반기와 2018년 상반기 공히 2.8%를 기록하여 잠재성장률 수준인 것으로 보인다. 그러나 고용은 2000년대 초와 비슷한 상황이다. 원인이 어디에 있건 집권 초 '일자리 정부'를 표방했으나 고용 사정은 악화되었고 그 결과 소득불균등은 더욱 심화되었다. 특히 아파트 가격이 급등하여 불과 1년여 만에 '부富의 불균등'도 심각하게 악화된 것 또한 사실이다. 한마디로 선의善意를 가지고 추진한 소득주도성장 정책이 의도와는 반대 방향으로 전개되고 있다. 왜 이런 참담한 모습을 보이고 있는가? 그 이유는 다음과 같이 평가된다.

첫째, '견지망월見指忘月, 달'은 잊고 '손가락'만 쫓고 있다. 국민경제 전체를 '달'이라고 하면 소득정책은 '손가락', 최저임금은 '손가락 끝'에 해당한다. 모든 문제는 한국경제의 상태와 지향하는 방향의 타당성 여부에서 나온다. 그럼에도 불구하고 정부가 한국경제의 상태는 외면하고 소득주도 정책의 타당성만 국민들에게 설득하려고 한다면, '달' 대신 정부의 '손가락'만 보라는 것과 다름없다. 한국경제의 역동성을 살리는 것이 핵심이다. 소득주도성장 정책과 최저임금 대폭 인상의 성공 여부는 부차적인 문제다.

둘째, 문재인 정부의 경제정책은 경제생태계와 순환구조를 무시한 목표 저격식으로 정책이 운용되었다. 최저임금위원회가 2018년 최저임금 인상률로 결정한 16.4%는 다름 아니라 집권 3년 후 최저임금 1만 원을 달성하겠다는 대통령 선거 공약을 지키기 위해서였다. 어떤 경제적 이유로도 2017년 인상률(7.3%)의 2.2배에 달하는 16.4%를 설명하기 어렵다. 이와 같은 대폭적인 인상이 고용시장과 경제주체들에게 미칠 영향은 이미 언론을 비롯하여 다양한 경로로 예고된 부분이지만 최저임금위원회와 정부는 외면했다.

가장 많은 일자리는 임시직에서 만들어진다. 그러나 최근 고용노동부는 박근혜 정부의 거의 유일한 노동개혁 성과인 '쉬운 해고'와 '취업규칙 변경 조건 완화' 등의 양대 노동지침을 폐지했다. 이 조치는 정부가 고용주들에게 해고를 어렵게 하고 최저임금을 지속적으로 크게 인상하는 정책을 추진하겠다는 분명한 신호를 주는 것이다. 그럼 고용주는 높아진 임금 부담과 고용의 경직성에도 불구하고 정부 정책에 순응하여 임시직 대신에 정규직 고용을 확대할까? 유감스럽게도 정부의 소득주도성장 정책은 고용주들에게 고용을 촉진

〈표 4-1〉 종사자 지위별 취업자 증감 (전년 동월대비, 단위: 천 명)

구분	전체 취업자		비임금노동자 (고용원 없는 자영업자)		상용노동자		임시노동자		일용노동자	
	2017	2018	2017	2018	2017	2018	2017	2018	2017	2018
1월	232	334	167(103)	12(-58)	246	485	-184	-94	2	-69
2월	364	104	209(137)	-63(-106)	300	433	-162	-182	17	-85
3월	463	112	108(71)	-84(-103)	406	308	-111	-96	60	-16
4월	420	123	102(67)	-16(-48)	365	319	-128	-83	81	-96
5월	379	72	30(33)	-10(-35)	350	320	-135	-113	134	-126
6월	302	106	33(45)	-12(-90)	326	365	-116	-130	60	-117
7월	314	5	32(49)	-35(-102)	399	272	-162	-108	45	-124
8월	208	3	-55(27)	-36(-124)	467	278	-167	-187	-37	-52
1~8월 평균	335	107	78(67)	-31(-83)	357	348	-146	-124	45	-86

시키는 신호가 아니라 반대로 고용을 기피하도록 하는 신호로 작용하고 있다.

특히 주목해야 할 사실은 정부 의도와는 반대로 소득주도성장 정책과 일자리 창출이 시장 내부에서 상충하고 있으며 이 정책 간의 상충 문제를 해소하지 못하면, 두 정책이 모두 실패할 위험이 높다는 점이다. 다음 사례는 소득주도성장 정책과 일자리 창출이 시장 내부에서 어떻게 상충하여 어떤 결과를 가져오는지 보여주고 있다.

2018년 최저임금의 대폭 인상이 고용사정 악화를 가져온 원인인가는 논란의 여지가 있다. 운수업·음식숙박업 등 내수업종의 고용 악화는 내수 침체와 최저임금의 대폭 인상이 함께 작용한 것으로 보인다. 그러나 일용노동자와 종업원 없는 자영업자의 급격한 감소(〈표 4-1〉참조)는 내수침체보다 최저임금 인상의 영향이 더 크다. 줄이기 가장 쉬운 종사자를 고용시장에서 퇴출한 것으로 해석된다. 즉 시장 기능을 외면한 정부의 일방적인 임금인상은 이를 수용하기 어려운 제도적 시장 밖의 노동시장의 실업을 오히려 촉진하는 결과를 가져왔다. 제도권에서 최저임금 상승의 효과를 보는 사람보다 제도권 밖에 있는 더 낮은 소득계층을 희생시키는 결과를 초래했다. 한마디로 최저임금의 급격한 인상은 역설적으로 고용시장에서 가장 형편이 어려운 일용노동자와 고용원 없는 자영업자를 희생시키고 있다. 즉 시장의 역풍逆風을 맞은 결과다.

누가 국민을 '비인성적인 투기꾼'으로 만들었나

경제 부문 사이의 연관성을 무시하고 정부의 일방적인 목표 저격식 정책이 참담한 결과를 가져온 또 다른 시장은 아파트시장이다. 문재인 정부는 집권 1년 5개월 만에 8번의 아파트시장 과열 규제정책을 발표했다. 2016년 말 아파트 가격에 대비하여 2018년 8월 말까지 서울 아파트 매매가격은 12.4%, 강남구는 17.9% 상승했다. 그러나 가장 주목해야 할 양상은 이 상승폭의 상당 부분이 2017년 8·2 부동산대책 이후 상승했다는 점이다. 8·2 부동산대책 직전인 2017년 7월 말부터 2018년 8월 말까지 13개월 동안 서울 아파트 매매가격은 9.9%, 강남구는 15.1%가 상승했다. 특히 2018년 7월부터

<표 4-2> 서울 아파트 가격 변동

2015.12.=100	전국	서울	강남구	서초구	송파구	용산구	강북
2016.12. (C)	101.5	104.2	105.3	105.6	105.7	104.5	103.7
2017.07. (B)	102.1	106.6	107.9	108	107.4	107.1	105.9
2017.12. (A)	102.8	109.7	112.1	111.1	112.2	110.4	108.7
2018.08. (D)	104	117.2	124.2	117	122.8	120.6	114.9
A/C (%)	1.3	5.3	6.5	5.2	6.1	5.6	4.8
B/C (%)	0.6	2.3	2.5	2.3	1.6	2.5	2.1
A/B (%)	0.7	2.9	2.9	2.9	4.5	3.1	2.6
d/B (%)	1.9	9.9	15.1	8.3	14.3	12.6	8.5

자료: KB국민은행

8월까지의 시장은 '비이성적인 과열'임에 분명하다. 이 13개월 동안의 상승폭은 8·2 부동산대책의 실패가 가져온 결과다. 정책의 실패가 초래한 가격 앙등을 정부 당국자는 '비이성적인 투기 현상'이라고 평가하고 책임을 국민들에게 돌렸다. 그렇다면 누가 국민들을 '비이성적인 투기꾼'으로 만들었는가? 바로 정부가 8차례에 걸친 규제로 시장의 불확실성을 높이고 국민들을 불안하게 만들었기 때문이다.

9·13 부동산대책은 아파트시장의 과열을 일단 진정시킬 것으로 예상된다. 그러나 문제는 여기서 그치지 않는다. 거래 단절로 얼어붙은 부동산시장은 가득이나 어려운 내수경기의 침체를 가중할 우

려가 있다. 단기적으로 아파트 매매시장을 진정시킬 것이지만, 아파트 공급의 급격한 감소는 가격 상승압력을 축적시켜 장기적으로 또 다른 상승 국면을 조장할 위험이 있다. 소득불균등을 시정하겠다는 문재인 정부가 부동산 정책이 오히려 부의 불균등을 대폭 악화시키는 역설적인 결과를 가져올 수도 있다. 부동산 보유세를 얼마나 부과해야 지난 13개월 동안 오른 아파트값으로 심화된 부의 불균등을 개선할 수 있을까? 한편 정부가 천명한 바와 같이 만약 세금폭탄과 금융규제로 아파트 가격이 하락한다면, 그로 인한 가계부채의 건전성 악화와 경기침체 문제가 심각하게 대두될 것이다.

'머피의 법칙'은 문제가 있으면 그것이 언제고 반드시 말썽을 일으킨다고 말한다. 경제생태계와 경제활동의 순환구조를 무시하고 목표에 집착한 문재인 정부의 정책 선택과 추진은 시장의 역풍을 초래해 정부가 원하는 바와 정반대의 결과를 향해 가고 있다. 문재인 정부 경제정책의 근본적인 문제는 시장의 반응에 대한 정책적 고려가 없다는 점이다.

제조업·대기업 외면하는 혁신성장

문재인 정부의 실물경제정책인 혁신성장 정책의 파트너는 중소기업과 벤처기업이다. 제조업과 대기업은 배제되어 있다. 제조업은 취업자의 16.5%(2018년 8월 기준)와 국내총생산의 28%를 차지하는 국민경제의 핵심 산업이다. 그럼에도 불구하고 제조업은 대기업이 주도하기 때문에 정부가 외면하는 실정이다. 이는 대기업의 생산활동과 연관된 중소기업의 생산활동, 그리고 이에 관련된 국민들을 외면하는 것과 같다. 한국경제연구원 자료에 따르면, 31개 민간 대기업이 우리나라 부가가치의 13.5%, 법인세의 39%, R&D투자의 46%, 시설투자의 71%, 수출의 66%를 담당하고 있다. 혁신성장 정책이 국민경제 운영에서 절대적인 비중을 차지하는 대기업들을 배제하고, 대신 중소기업과 벤처기업으로 한국경제의 생산력과 경쟁력을 도모하고자 한다면, 축소지향적 정책을 벗어날 수 없다.

문재인 정부 경제정책에서 대기업 집단들을 배제한 이유는 두 가지다. 첫 번째 이유는 기본적으로 소득주도성장 정책의 프레임에서는 대기업들이 한국경제의 구조적 불균형과 성장 잠재력을 취약하게 만드는 원인 제공자이기 때문이다. 두 번째는 최순실 국정농단 사건에서 대기업이 정권과 유착 관계를 맺고 K스포츠 재단에 부정한 자금을 출연했다. 따라서 박근혜 정권과 대기업들의 정경유착은 부인할 수 없는 '적폐'이며, 대기업들은 문제의 당사자로서 그 책임에서 자유로울 수 없다. 그래서 문재인 정부는 대기업들을 정책의 파트너로 삼았던 보수정권의 성장모델을 그대로 따를 수가 없었다. 그 결과 문재인 정부가 산업정책으로 추진하고 있는 '혁신성장 정책'에는 어디에도 대기업의 존재와 역할이 없다. '적폐'인 대기업이 일자리와 경제성장을 도모하는 것은 정치적으로 용납이 되지 않기 때문이리라.

박근혜 정부의 창조경제에서는 대기업들이 전국 41개 창조경제센터의 파트너 역할을 했다. 그러나 문재인 정부의 혁신성장에는 어디에도 대기업들의 자리는 없다. 이 점에서 정부의 '창조경제'와 문재인 정부의 '혁신성장'은 확연히 다르다. 문재인 정부에서 대기업 회장들이 정부의 초대를 받은 것은 대통령의 평양 방문에 동행했을 때뿐이다. 그마저도 정부의 초청이라기보다 북한의 요청이 있었기 때문으로 추측된다.

희망을 주지 못하고 있다

문재인 정부의 소득주도성장 정책은 국민들에게 희망을 주지 못하고 있다. 경제정책은 국민들에게 신뢰와 희망을 줄 수 있어야 시장에 마중물 효과를 극대화하여 정책이 의도하는 방향으로 시장의 경제활동을 유도할 수 있다. 그러나 생산활동의 확대 없이 정부의 시장 개입만으로 분배구조를 개선하겠다는 소득주도성장 정책은 국민의 신뢰를 얻고 미래에 대하여 희망을 주기 어렵다.

생산활동의 확대를 통해 소득이 늘어나야 이러한 메커니즘이 지속가능하다는 것은 국민 모두가 아는 바이다. 그렇기 때문에 생산활동의 확대를 촉진하는 성장의 역동성을 지속하면서 분배구조를 개선하는 것이 정부의 목표가 되어야 한다. 분배구조를 개선하기 위해 성장의 역동성을 외면한다면, 결코 분배구조의 개선은 지속적으로 추진될 수 없다. 분배구조 개선을 지속적으로 추진하기 위해서도 경제의 역동성이 확보되어야 한다. 이미 한국경제는 지난 9년간 보수정권의 실정으로 경제가 역동성을 잃고 제조업 역시 경쟁력을 잃어가는 상황에 있다. 따라서 지금 정부가 해야 할 가장 중요한 과제는 성장의 역동성을 회복하여 국민 전체에게 희망을 주는 것이다. 미래에 대한 신뢰와 희망이 있어야 경제의 역동성이 다시 살아날 수 있다.

시장에는 혁명이 없다

2018년 8월 전년동월 대비 취업자 수의 증가가 3,000명에 그치는 이른바 '고용참사'가 발생한 것에 대하여 청와대 대변인은 "우리 경제의 체질이 바뀌면서 수반되는 통증이라고 생각한다. …(중략)… 정부는 국민들 곁으로 더 가까이 다가가겠다. 국민의 목소리에 더 귀 기울이겠다"고 언급했다.[6] 그렇다면 진정 국민들의 목소리는 무엇일까? 더구나 국민들의 목소리를 수용하여 경제정책을 운영하겠다는 것은 그야말로 위험한 발상이 아닐 수 없다. 정치는 여론을 따라야 하지만, 시장은 여론이 아니라 시장원리를 따른다. 때문에 여론에 따른 정책이 시장의 부작용을 개선하는 보완적 작용을 할 때는 긍정적인 결과를 가져올 수 있으나 시장의 작용과 본질적으로 충돌할 경우에는 앞서 언급한 바와 같이 시장의 역풍을 초래하여 정책이 의도한 결과와는 전혀 다른 결과를 초래할 수 있다. 그래서 여론을 따르는 경제정책 운영은 위험하다.

촛불혁명이 증명하는 바와 같이 정치는 혁명이 가능하다. 혁명으로 정권을 잡은 정부가 빠지기 쉬운 착각은 정치처럼 경제도 혁명적으로 바꿀 수 있다고 생각하는 것이다. 시장경제를 혁명적으로 바꿀 수도 있다. 그러나 그 경우는 시장의 종말에나 가능한 경우이며, 동시에 이것은 창의와 혁신을 통한 번영 등 시장의 모든 기능이 더 이상 작용하지 않는다는 것을 의미한다. 시장기능을 보장하고 존중하는 한 시장기능에 혁명은 없다. 시장기능은 시장의 원리를 따라 움직일 뿐이다. 그 결과가 정치적으로 바람직한지 아닌지와는 상관없이 시장은 시장원리에 따라 움직일 뿐이다. 이러한 시장의 생태계를 무시하고 정부가 정치적 판단에 따라 시장의 결과를 바꾸려고 할 경우, 시장은 반작용을 하기 쉽다.

  문재인 정부 경제정책의 성공 여부는 시장의 역풍과 여기에 얼마나 성공적으로 대응하느냐에 달려 있다. 노무현 정권은 부동산 정책 실패로 낙인찍혔다. 즉 부동산 정책에서만큼은 노무현 정권이 시장의 역풍을 이겨내지 못하고 실패한 정권이 되고 말았다. 문재인 정부 역시 비슷한 성격의 시험에 들었다. 노무현 정부와의 차이라면 부동산 정책뿐만 아니라 소득주도성장 정책을 경제정책의 새로운 패러다임으로 내세워 시장의 역풍을 맞을 위험이 더 넓고 크다는 점이다. 정부의 재정 지원과 시장 가격 왜곡에 의한 소득 증가가 아니라, 생산활동 촉진을 통한 소득 증가로 정책을 전환해야 한다. 산업이 무너져 일자리가 없어지는데 재정을 풀어서 시장에서 사라진 소득을 과연 얼마나 메울 수 있겠는가.

18

대한민국은
지금 '문화혁명' 중

대한민국은 지금 '갑질 문화혁명' 중이다. 회장의 인격 모욕을 참다못한 운전기사가 회장님을 고발하고, 공관병이 대장을 군 검찰에 수사받게 하는 등 지난 보수정권에서는 본 적 없는 일들이 벌어지고 있다. 정권 교체와 더불어 권위의 시대가 가고, 권익의 시대가 왔다. 갑질 문제는 프랜차이즈 업계의 불공정 계약 문제로 부각된 후에 몇몇 기업의 회장과 대장 사건이 불거졌으며, 이를 계기로 정부는 각 부처의 갑질 문화를 전수조사하고 대책을 발표하기로 했다. 정부가 '갑질 대책'을 발표한다니 이것만으로도 놀라운 변화라고 생각한다.

그러나 우리가 주목해야 할 중요한 사실은 갑질 문제는 우리 사회가 안고 있는 후진적 사회문화의 '민낯'을 일부 드러냈을 뿐이라는 점이다. 갑질은 회장님이나 대장님만의 전유물이 아니라 힘의 우열이나 서열이 있는 모든 관계, 즉 정부와 민간, 조직의 상사와 부하, 선배와 후배 등 우리 사회에 광범위하게 퍼져 있다.

권력이나 경제적 우열을 배경으로 약자에게 인격적 굴욕을 강요하는 후진적 사회문화가 비단 '갑질'뿐이겠는가? 패거리 문화, 만성회된 야근 문화, 남성들의 육아 외면, 성 차별 등등 개발시대의 후진적 사회문화가 곳곳에 널려 있다. 따라서 모처럼 조성된 문화혁명의 분위기를 정부의 갑질 근절대책선에서 매듭짓는 것은 안타까운 일이 아닐 수 없다. 갑질 문제를 통해 우리 사회의 후진적 사회문화를 돌아보고 자성하는 계기로 삼아야 한다.

누구보다도 기업 경영자들은 이 후진적 사회문화 문제를 주목할 필요가 있다. 기업의 경영성과와 무관하게 연공에 따라 임금이 상승하는 단일호봉제, 연공서열 인사 관행 등 기업 내부에 상당수 지속되고 있는 개발시대의 후진적 제도와 관행으로는 디지털 경제 시대에 적응할 수 없다. 물론 일부 기업들은 이미 세계화와 디지털 혁명에 대응하기 위해 후진적 조직문화를 혁신하고자 하는 다양한 노력을 기울여왔다. 상명하복식의 경직된 조직을 보다 창의적이고 자율성이 강한 조직으로 만들기 위해 일부 대기업에서 직급을 단순화하고 호칭을 파괴하는 혁신을 추진하고 있으며, 탄력근무제 등 근로형태의 변화를 시도하고 있다. 그럼에도 불구하고 조직문화 혁신 성과가 부진한 이유는 직원들이 기업 문만 열고 나가면 공기처럼 사회 전반에 가득 퍼져 있는 개발시대의 후진적 문화를 호흡하기 때문이다.

바로 이 후진적 사회문화가 우리나라를 세계에서 두 번째로 노동시간이 길고, 출산율은 가장 낮은 나라로 만들고 있다. 국내총생산의 50% 넘게 수출하고, 한 해에 해외에 3,000개가 넘는 기업을 설립하고, 작년에 2,200만 명이 해외여행을 다녀왔을 만큼 경제활동이 글로벌화되어 있음에도 불구하고 후진적 사회문화는 흔들리지 않고 있다. 이런 여건에서 정부가 근절 대책을 발표하고 흐지부지해서는 갑질 문화조차도 뿌리 뽑기 어렵다.

혜화역에 모인 여성 6만 명, '불꽃같은 우리'가 사회를 바꾼다[7]

불법 촬영 편파수사를 규탄하는 시위로 시작되어 수만 명의 여성들이 참가함으로써 사회를 놀라게 했던 '혜화역 여성시위'[8]는 긴 세월 동안 사회·문화적으로 당연한 것으로 여겨졌던 남성 우위의 문화가 더 이상 묵과되는 시대가 끝났음을 보여주는 상징적인 사건이었다. 수만 명의 여성들이 모인 시위는 그 분노의 대상을 사회와 공권력으로 하고 있다. 어느 시위 참여자는 시위 참여의 이유를 "다음 세대 여성들에게는 이러한 사회구조를 물려주지 말아야 하다고 생각해 시위에 나왔다"고 밝힘으로써[9] 남성 위주 사회에 대한 여성들의 분노를 보여주었다. 물론 여성들의 이 같은 대규모 시위에 대해서는 다양한 관점과 평가 있을 것이다. 특히 나이든 남성들의 입장에서는 이러한 주장들을 받아들이기 불편한 측면이 있다. 그러나 분명한 사실은 이제는 사회에서든 가정에서든 모든 측면에서 양성평등의 규범과 문화로 이행하는 것이 선택을 넘어 마땅히 해야 할 시대정신의 일부라는 점이다.

후진적인 사회문화를 청산할 기회

촛불혁명의 에너지를 계승한 문화혁명은 대한민국에 개발시대 이래 누적된 후진적 사회문화는 청산하고 디지털 경제 시대의 동력이 될 수 있는 새로운 사회문화를 구축할 수 있는 기회라고 할 수 있다. 개발시대의 후진적 사회문화는 경제활동의 생태계를 황폐화시키고 있을 뿐만 아니라 국민들의 삶의 질을 떨어뜨리고 있다. 이 문화를 이대로 방치하고서는 청년세대들을 질식시키는 기성세대의 벽을 낮출 방법도, 갈수록 낮아지는 출산율을 높일 방법도, 저성장의 늪을 헤매고 있는 경제를 활성화할 방법도 없다. 따라서 문화혁명의 에너지를 후진적 사회문화를 혁신하는 동력으로 발전시키기 위한 사회 전반의 다각적인 논의와 노력이 필요하다.

최근 정부가 추진하고 있는 주 52시간 근무제의 실시를 계기로 '워라밸work & life Balance'이 새로운 시대의 조류로 등장하고 있는 것은 노동문화의 바람직한 개혁이라 할 수 있다.

세계화와 디지털 혁명시대에 가장 중요한 국가경쟁력은 기술보다 문화다. 배경이나 정체성이 아니라 오직 실력으로 경쟁하는 문화, 아이디어로 꿈을 실현할 수 있는 기회가 주어지는 문화, 실패를 용인하고 경험의 가치를 인정하는 문화가 있는 곳에 글로벌 인재들이 모여들어 디지털 혁명을 주도하고 있다. 따라서 우리나라가 후진적 사회문화를 탈피하지 못한다면, 대한민국은 청년 세대에게 희망을 줄 수 없음은 물론, 글로벌 시대의 선진국도 될 수 없으며 디지털 혁명을 선도하는 경제를 만들 수도 없다.

디지털 경제를 발전시키기 위한 가장 중요한 생태적 속성은 '플랫폼 비즈니스$_{\text{Platform Business}}$'의 성행이 보여주는 바와 같이 사회구성원들 간의 '개방성'과 '상호작용'을 촉진하는 '수평적이고 관용적인 문화'에 있다. '수평적이고 관용적인 문화'의 발전을 촉진하기 위해서는 수직적인 권력과 권위 중심의 틀을 혁신하지 않으면 안 된다. 정권이 바뀔 때마다 등장하는 '○○회', '○○포럼'과 같은 특정 집단이 인사와 예산, 정보를 배타적으로 독점하는 패거리 문화가 지배적인 구조하에서는 '수평적이고 관용적인 문화'의 생태계가 뿌리를 내리기 어렵다. 미국경제가 혁신중심경제로서 역동성을 지속할 수 있는 배경에는 미국의 문화적 개방성$_{\text{openness}}$과 포용성$_{\text{inclusiveness}}$이 있기 때문이며, 개방성은 실력주의$_{\text{matrocracy}}$와 공정성$_{\text{fairness}}$을 통해 이민자들에게도 동등한 기회를 부여하기 때문이다. 한국경제가 디지털 시대를 주도하려면, 패거리 문화의 폐쇄성과 불공정한 인사 문화부터 철폐해야 한다.

속도와 성과 위주의 문화는 이제 어렵다

〈세계행복보고서$_{\text{World Happiness Report}}$〉(2018)에 따르면, 세계에서 가장 행복한 국가는 핀란드-노르웨이-덴마크의 순서로 북구 3개국이 차지했으며, 스웨덴은 9위에 올라 있다. 이들 국가들이 세계에서 가장 행복한 국가가 된 데는 높은 소득수준과 잘 발전된 사회복지제도 외에도 문화적인 이유가 있다는 점을 주목할 필요가 있다. 덴마크 '휘게$_{\text{hygge}}$'[10]는 '따뜻하고 편하게'란 뜻이며, 같은 민족인 노르웨이는 '파쎄$_{\text{passe}}$' 또는 '휘겔리$_{\text{hyggelig}}$'를 많이 쓴다. '파쎄'는 '적합하게'라는 의미이다. 한편 스웨덴에서는 '라곰lagom'(부족하지도 넘치지도 않게)이 국민들의 일상생활의 기준이라고 한다.[11] 즉 지위나 돈의 차원을 떠나서 생활 속에서 모든 국민들이 공유하는 규범 문화가 있음으로 해서 국민들이 편안함과 행복을 느낀다. 세계 행복순위에서 6위를 차지한 네덜란드 국민들이 행복한 이유는 '헤젤릭하이드Gezelligheid'라는 아늑함과 사교성을 뜻하는 문화를 가지고 있기 때문[12]이라고 한다. 즉 지위나 돈의 차원을 떠나서 생활 속에서 모든 국민들이 공유하는 규범 문화가 있다는 것은 국민들에게 편안함과 행복을 느끼게 해준다.

우리나라 국민들의 생활에서 가장 흔히 쓰이는 기준이 있다면, 그것은 "빨리 빨리"라고 할 수 있다. "빨리 빨리"는 전형적으로 뒤늦게 산업화에 착수하여 선진 문물을 압축적으로 짧은 시간 내에 추격하려는 개발시대 문화의 전형이라고 할 수 있다. 또한 "빨리 빨리"는 전형적인 물량 위주의 성과주의 문화를 반영한 것인 동시에 고강도의 경쟁 문화를 반영한 것이라고 할 수 있다. 질이나 만족보다 속도를 중시하는 문화에서는 편안함이나 행복이 함께 자리하기 어렵다. 따라서 개발시대 문화를 청산하는 노력 가운데 우리나라도 갑질 문화만 척결할 것이 아니라 '빨리 빨리' 문화를 청산하려는 사회적 노력도 필요하다. "빨리 빨리"의 자리에 어떤 의미의 문화가 대안으로 자리할 수 있는지는 모르겠으나 그것은 분명히 돈이나 지위 등 크기를 재는 것과는 다른 차원의 것, 국민들의 삶을 보다 쉽게 편안하고 따뜻하게 느끼도록 하는 그 무엇이 필요해 보인다.

Ⅴ. 일어설 것인가, 쇠퇴할 것인가

■

"모든 나라는 흥하는 때와 기우는 때가 있기 마련이다. 어떤 나라도 영원히 흥하거나 망하지는 않는다. 다만 변화무상한 세상에서 변하지 않는 사실은 나라의 미래를 결정하는 경제적, 또는 정치적 주기를 얼마간은 조정할 수 있다는 것이다".

Ruchir Sharma
The Rise and Fall of Nations
(Norton & Comapny 2016)

"국가발전은 지도층의 창의성, 타국의 경험에서도 기꺼이 배우려는 자세, 효율적 정부를 통해 좋은 아이디어를 과단성 있고 신속하게 밀어 붙이는 실행력, 어려운 개혁의 필요성애 대한 국민의 동의를 끌어낼 수 있는 지도력에 달려 있다"

그레이엄 앨리슨 외
《리콴유가 말하다》, 석동연 옮김
(행복에너지, 2015)

19

무엇이 나라의
흥망을 결정하는가

18세기의 산업혁명을 주도하여 '해가 지지 않는 제국'의 영광을 누렸던 영국이 20세기에 들어 후발국 미국에게 세계 경제규모 1위의 자리(G1)를 내주었다.[1] 18세기에 영국이 증기기관의 발명을 계기로 한 동력혁명으로 산업생산력을 급격하게 증대시켜 세계를 지배했던 바와 같이 20세기에 들어 영국이 여전히 주로 증기에 동력을 의존하고 있을 때, 미국은 가장 먼저 전기를 제조업의 동력으로 도입하여 동력 비용을 대폭 낮추었다.[2] 동력의 원천을 증기에서 전기로 바꿨을 뿐만 아니라 '포드 시스템'의 도입으로 생산 시스템 자체가 총체적인 혁신을 이룩하면서 생산력이 급격하게 확대되었다. 이를 바탕으로 미국은 일약 세계 최대 규모의 경제대국으로 올라선다.[3]

미국은 제1차 세계대전에 참전하여 독일의 침공으로부터 유럽을 구해냄으로써, 명실공히 세계의 패권국가로 자리매김하게 되었다. 이어서 독일과 일본이 도발한 제2차 세계대전에서도 승리함으로써

〈표 5-1〉 **승자와 패자**

구분	승자	패자
제2차 세계대전	미국·영국	미국·영국
전후 무역전쟁	독일·일본	미국·영국
세계화(1990-2007)	중국·독일	미국·영국
세계 금융위기 극복	독일·미국	일본·영국
4차 산업혁명	?	?

전후 냉전체제에서 공산주의 진영의 소련과 더불어 자본주의 세계의 패권국가로서 세계를 이끌었다. 그러나 제2차 세계대전에서 미국과 영국은 승전국이고, 독일과 일본은 패전국이었음에도 불구하고 전후 경제전쟁에서는 미국과 영국은 독일과 일본에 만성적인 경상수지 적자를 벗어나지 못했다. 더구나 미국과 영국의 경제성장률은 독일과 일본에 미치지 못했다. 그렇다고 미국이 G1의 위치를 잃은 것은 아니지만, 제2차 세계대전의 승전국들은 사실상 전후 경제전쟁에서 패했다는 역설을 어떻게 설명할 수 있을까.

이 물음에 대하여 맨커 올슨Mancur Olson, 1932~1998[4]은 미국과 영국이 전쟁에서 승리함으로써 사회적 변혁의 압력이 낮고 이에 따라 기득권을 지닌 이익집단들의 압력이 증대함으로써 환경 변화에 대한 유연성을 잃었던 반면, 독일과 일본은 전쟁에 패하면서 국가를 다시 건설할 필요가 절실했다고 보았다. 그래서 이익집단들이 기득권을 잃거나 상대적으로 약화되어 보다 개방적이고 경쟁적으로 국력을 조직화했기 때문으로 설명했다.

그러나 서두에 인용한 루치르 샤르마의 지적처럼 독일과 일본도 언제까지나 승자의 번영을 누릴 수는 없었다. 1989년 뜻하지 않게 '베를린 장벽'이 무너지고 통일이 되면서 전후 부흥을 위주로 짜여 있었던 독일 정치와 경제 체제는 통일의 부담을 견디지 못하고 무너지기 시작했다. 급기야 2002년에는 독일에 '유럽의 병자The Sick man of Europe'라는 별명이 붙는 불명예까지 떠안는다. 한편 제2차 세계대전 후, 40년 동안이나 이어온 일본에 대한 장기 무역적자를 더 이상 용인할 수 없었던 미국의 레이건 대통령은 1985년 '플라자 합의Plaza Accord'을 통해 엔화 절상을 요구했고, 그 결과 일본경제는 '엔고 버블'에 빠지게 되었다. 1990년대에 들어 '버블'이 꺼지면서 일본경제는 이른바 '잃어버린 20년'의 긴 침체에 빠져들게 된다.

주목해야 할 사실은 일본경제의 '잃어버린 20년'은 '엔고 버블' 붕괴에 그치지 않고 일본이 자랑하던 전자·자동차·조선·철강 등 주력산업의 경쟁력 하락으로 이어지고, 그 자리를 한국 등 후발 국가들에게 넘겨주었다는 것이다〈표5-2〉 참조). 세계 수출시장에서 일본의 비중은 1993년 9.8%에서 2016년 4.2%로 축소되었다. 특히 세계 최고의 기술과 품질을 자랑하던 일본의 전자산업이 어떻게 국제 경쟁력을 잃고 삼성전자 등 우리 기업들에게 추월을 당했는가? 왜 세계 스마트폰 시장에서 삼성전자와 같은 일본 기업은 없는가? 또 세계 반도체 시장에서 삼성전자와 하이닉스 같은 위상을 가진 일본 기업을 찾아볼 수 없는가?

구분		1963	1973	1983	1993	2003	2016	2017	
상품 수출 비중	중국	1.3	1	1.2	2.5	5.9	13.6	(+11.4)	13.9
	미국	14.3	12.2	11.2	12.6	9.8	9.4		9.5
	독일	9.3	11.7	9.2	36.7 10.3	10.2	8.7	25.4	8.9
	영국	7.8	5.1	5	4	4.1	2.6	(-11.3)	2.7
	일본	3.5	6.4	8	9.8	6.4	4.2		4.3
	한국	0.06	0.6	1.3	2.2	2.6	3.1	(+1.3)	3.5
상품 수입 비중	중국	0.9	0.9	1.1	2.7	5.4	10	-	
	미국	11.4	12.4	14.3	15.9	16.9	14.3	-	
	독일	8	9.2	8.1	9	7.9	6.7	-	
	영국	8.5	6.5	5.3	5.5	5.2	4	-	
	일본	4.1	6.5	6.7	6.4	5	3.8	-	

일본 전자업체들은 자신들이 가지고 있는 '아날로그 기술Anolog Technology'과 브랜드 기득권에 대한 과신으로 전자기술의 중심이 급속히 '디지털 기술'로 전환하는 데 적응하지 못했다. 서두에 인용한 루치르 샤르마의 지적과 같이 일본의 전자산업은 시대 변화에 대응하는 '미조정微調整'에 실패한 것이다.

또 하나 주목해야 하는 대상은 독일과 영국의 예다. 2002년 독일이 '유럽의 병자'로 신음하고 있을 당시, 유럽의 패권국가는 영국이었다. 그러나 2008년 세계 금융위기가 발생하여 '금융위기'의 시대가 장기화하자 영국은 침체의 늪에 빠진 반면, 독일은 경쟁력을 회복하여 '유럽의 패자'로 등장했다. 물론 독일경제의 위상 회복은 2003년 슈뢰더 총리가 추진한 '어젠다2010'과 메르켈 수상이 이를 승계받아 일관되게 추진한 결과다.

루치르 샤르마는 국가의 흥망이 시대의 변화에 대응하는 정치·경제적 조정의 성공 여부에 달려 있다고 결론짓는다. 그렇다면 과연 우리나라는 시대의 변화에 어떤 정치·경제적 조정을 추진하고 있는가? 시대 변화에 대한 문재인 정부의 대응은 대한민국에 번영을 가져올 것인가? 아니면 일본처럼 국력의 쇠퇴와 국민의 고통을 겪을 것인가? 이 문제는 Ⅴ장에서 상술하기로 하고 여기서는 우리나라가 당면한 시대의 특징에 대하여 살펴보기로 한다.

디지털 혁명이 국력을 바꾼다

그렇다면 과연 이 시대가 직면하고 있는 '시대의 프레임'은 무엇인가? 그것은 단연코 '세계화의 혼돈'과 '디지털 혁명'이라고 할 수 있다. 1990년대부터 미국이 추진해왔던 '세계화' 프레임은 냉전체제의 붕괴 이후 미국이 기대했던 '팍스 아메리카나'의 시대 대신에 '중국의 굴기屈起'를 가져왔으며, 그 반작용으로 집권에 성공한 트럼프 대통령은 미국의 이익을 우선시하는 '아메리카 퍼스트' 프레임을 들고 나와 세계 각국을 압박하고 있다. 그러나 이미 그동안 추진된 세계화의 성과와 디지털 기술혁신의 영향으로 과연 '아메리카 퍼스트'

가 미국의 국익에 일치하는지조차도 명확하지 않다. 미국의 '아메리카 퍼스트'와 영국의 '브렉시트Brexit'가 가져온 세계주의의 후퇴는 일단 세계경제의 불확실성을 높일 것으로 보인다. 더 높은 불확실성과 더 높은 복잡성하에서 각국의 국익 경쟁은 더욱 치열해질 것으로 보인다. 게다가 북한의 핵 문제가 아직까지 잔존해 있는 상황에서 더 이상 미국에 대한 안보 의존과 중국에 대한 경제 의존의 이중 구조를 지속하기가 어려워졌다. 그럼 우리는 미국과 중국 간의 첨예한 대립 구도 아래서 어떻게 안보와 경제성장을 함께 추구할 것인가.

한편 디지털 전환 시대The Age of Digital Transformation의 도래는 20세기 초 전기의 도입이 국력을 결정했던 역사적 전례로 미루어봤을 때, 마찬가지로 디지털 중심 경제로의 성공적인 전화 여부가 나라의 미래를 결정하는 상황에 직면해 있다. 디지털 시대로의 전환은 아날로그 기술 중심에서 디지털 기술 중심으로의 기술적 차원의 전환에 그치지 않는다는 점을 주목해야 한다. 그 파장이 경제는 물론 정치와 사회 전반에 걸쳐 예측하기 어려운 변화를 가져올 것이 분명하다. 단적인 예로 스마트폰이 가져온 플랫폼 사업 모델Platform Business Model은 모든 산업의 모습과 구조를 바꾸고 있다. 즉 생산자와 소비자가 디지털 기술을 통해 정보를 공유하고 나아가 상호작용함으로써 새로운 가치를 만들어내는 사업 모델이 서비스업은 물론 제조업에도 확산되고 있다. 한편 스마트폰을 통한 SNS 미디어의 발전은 기존의 신문과 방송 중심의 여론 환경이 급속한 개개인의 참여와 영향력 확대로 새로운 정치의 시대가 열리고 있다.

그렇다면 과연 우리나라는 디지털 시대로의 진입이라는 역사적인 대전환기에 대응하여 어떻게 정치와 경제를 '조정'하고 있는가? 디지털시대에 직면한 과제는 모든 나라가 안고 있는 공통된 시대적 과제이지만, 우리는 고령화와 저성장으로의 전환이라는 대내적인 시대 과제와 더불어 디지털 시대에 대응해야 한다는 점에서 다른 나라들과 다른 상황에 있다.

20

회생한 독일,
추락한 영국과 일본

유럽의 전통적인 패권국가인 독일과 영국, 이 두 나라가 21세기에 보여준 경제적 고난과 부흥을 비교해보면, 정치·경제적 순환 주기의 미조정에 따라 국가의 흥망이 결정된다는 루치르 샤르마의 지적에 수긍하게 된다.

2003년 영국의 실업률은 5%인 반면, 독일의 실업률은 9.8%로 거의 배나 높았으며, GDP 성장률은 영국이 3%, 독일은 마이너스 성장률을 기록하고 있었다. 그러나 10년이 지난 2012년 독일 GDP 규모는 2007년보다 3.5%나 증가한 반면, 영국의 GDP는 아직도 세계 금융위기 전이었던 2007년 수준을 회복하지 못했다. 어떻게 독일 경제는 세계 금융위기에도 불구하고 살아나고, 반대로 잘 나가던 영국 경제는 세계 금융위기의 상처에서 헤어나지 못했는가?

유럽의 병자, 독일

2003년 당시 독일 경제는 고령화와 통일 비용의 부담, 경직된 시장 구조와 관료주의 등으로 진통을 겪고 있었으며, 국민들은 이런 암담한 상황을 체념하고 있어서 개혁이 불가능해 보였다. 높은 노동 비용으로 인하여 기업들은 줄줄이 독일을 탈출하고 있었으며, 그 결과 실업률은 높아지고 성장률은 떨어지는 어려움에 처해 있었다. 1998년 10월, 사민당과 녹색당의 연정으로 집권에 성공한 슈뢰더 총리는 2002년 선거에서 간신히 재선에 성공했으나 정치적으로는 매우 어려운 상황에 직면해 있었다. 그럼에도 불구하고 슈뢰더 총리는 2차 연정을 시작하자마자 2002년 12월 개혁 프로그램을 준비했다. '어젠다 2010'으로 명명된 개혁 프로그램의 핵심은 제2차 세계대전 이후 50년간 유지해온 복지시스템을 통일 독일시대에도 지속할 수 있게 개혁하는 것이었다. 슈뢰더 총리는 2003년 3월 14일, 연방하원에서 '어젠다 2010'이라는 일련의 경제개혁 프로그램을 발표했다.

경제개혁안의 핵심은 법인세 인하를 포함한 경제 활성화 조치와 노동시장 개혁, 그리고 연금과 의료보험 등의 복지개혁이었다. 경제에 활력을 불어넣기 위해 법인세율과 소득세율을 대폭 인하했으며, 노동시장의 유연성을 높이고 세금 감면과 규제 완화를 단행했다. 이와 같은 노력을 통해 저소득 일자리mini-jobs와 취업, 1인 창업을 촉진하는 한편, 실업자들이 실업급여에 의존하는 유인을 대폭 축소했다. 한편 연금개혁안으로 사용자의 연금부담은 줄이고 노동자의 부담은 늘리면서 노동자의 퇴직연령을 늦추어 연금부담 총액을 확

어젠다 2010의 핵심 내용

- 노동시장 개혁, 소득세율 인하 및 건강보험 관련 개혁법안 의결
- 실업급여기간을 내폭 단축하고 소규모기업의 경우 부당해고 금지 규정의 적용을 배제
- 소득세 최고세율을 종전 48.5%에서 45%로, 최저세율을 종전 19.9%에서 16%로 인하
- 의약품, 진료비 및 입원비에 대한 환자부담을 확대

대함으로써 연금재정의 건전화를 도모했다.

그러나 어젠다 2010의 추진은 정치적으로 슈뢰더 총리에게 큰 부담이었다. 결국 슈뢰더는 총선에서 패배하고 말았다. 사민당의 지지 기반인 노조의 강력한 반대에 부딪힌 것은 물론 경영자 단체로부터도 지지를 받지 못했다. 슈뢰더 총리는 개혁안을 국민들에게 이해시키는 것이 얼마나 어려웠는지 자서전에서 언급했다. 경제 개혁안은 우여곡절 끝에 10월 하원을 통과하여 2004년 1월부터 발효되었으나, 개혁 정책에 대한 반발로 사민당에 대한 지지도는 더욱 낮아졌다. 사민당 내부에서는 개혁안이 사회적 약자층의 부담만 증대시킨다는 이유로 강한 반발이 있었으나, 녹색당은 개혁안이 미진하다고 공격했다. 특히 2005년 실업률이 11%까지 치솟는 등 경제 상황은 최악이었다.

결국 슈뢰더 총리는 이런 상태로는 개혁 정책을 성공적으로 추진

〈그림 5-1〉 **GDP성장률** (단위: %)

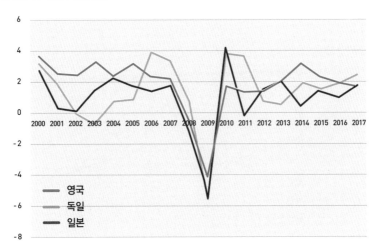

하기 어렵다고 판단하고 '어젠다 2010'을 추진할 수 있는 정치적 지지를 얻기 위해 조기 총선을 선택했다.[5] 2005년 9월 총선에서 사민당-녹색당 연합은 기민당에 패배했으며, 슈뢰더 총리는 11월 사임한다. 7년간의 사민당 – 녹색당 연정이 끝나는 순간이었다.

슈뢰더 총리가 사임하고 총선에서 승리한 기민당의 메르켈Andela Merkel은 총리로 취임한 이후 '어젠다 2010'을 지속적으로 추진했다. 한편 2008년 9월, 세계 금융위기가 발발해 독일경제는 2009년 -5% 성장을 기록했다. 그러나 2010년부터 세계경제가 회복국면에 접어들자 '어젠다 2010'의 개혁성과가 드러나기 시작했다. 독일경제는 2010년 4%, 2011년 3%의 높은 성장세를 보였으며, 실업률은 현저하게 낮아졌다.

〈그림 5-2〉 **실업률 추이** (단위: %)

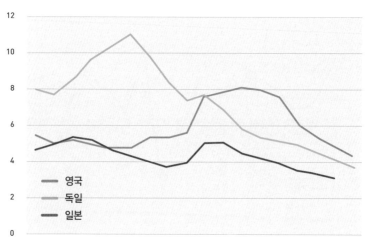

자만에 빠진 영국의 몰락

영국 경제는 2000년대에 들어 선진국들 중에서도 성장률은 가장 높고, 실업률은 가장 낮은 양호한 상태였다(〈그림 5-1〉 참조). 당시 영국의 블레어 총리의 최대 과제는 EU 가입 문제였으며, 연금재정 문제가 심각하게 대두되었으나, 영국 정부는 별 다른 개혁조치를 취하지 않았다. 일부 학자들이 영국 정부가 지나친 낙관론에 빠져 있다고 비판했으나 무시되었다. 그러다가 2008년 세계 금융위기가 발발하자 영국의 GDP성장률은 급락하기 시작했고 2012년까지도 2007년 수준을 회복하지 못했다.

  2003년 영국의 실업률은 5%로 독일의 실업률 9.8%보다 크게

178 한국경제, 반전의 조건

낮았다. 그러나 2008년 세계 금융위기를 계기로 치솟기 시작한 실업률은 2013년까지도 내려올 줄 몰랐다. 2012년 독일은 5%로 낮아진 반면, 영국은 8%로 높아졌다. 특히 15세에서 24세까지의 청년실업률은 독일이 2003년 11.6%에서 2012년 8%로 낮아진 반면, 영국은 같은 기간 12%에서 21%로 급증했다.

독일과 영국의 반전

2003년 독일의 국민 1인당 GDP는 영국보다 낮은 수준이었다. 그러나 국민 1인당 GDP로 본 2012년 양국의 위치는 완전히 역전되어 독일이 영국을 크게 앞질렀다. 지난 10년간 독일과 영국의 경제 상황을 비교함에 있어 정부의 재정건전성 문제를 주목할 필요가 있다. 독일은 복지제도에 대한 단호한 개혁 조치를 통해 GDP 대비 정부지출 비율을 낮추었다. 그 결과 정부총부채가 완만하게 증가한 반면, 아무런 준비를 하지 않았던 영국은 GDP에서 정부총부채가 차지하는 비율이 급격하게 높아졌다. 2008년 발생한 세계 금융위기는 양국의 경제상황을 근본적으로 역전시켰으며, 특히 2011년 유럽 재정위기가 발생하자 재정건전성을 확보한 독일경제는 유럽의 패자로서의 당당한 모습을 드러내기 시작했다. 2003년에서 2012년까지 10년 만에 독일은 '유럽의 병자'에서 '유럽의 패자'로 등장한 반면, '선진국의 우등생'이었던 영국은 추락하고 말았다.[6]

영국의 개혁정책, '기업하기 좋은 나라!'

1997년부터 2010년까지 영국을 이끌었던 노동당 정권은 세계 금융위기의 충격을 극복하지 못하고 2010년 총선에서 패배하여 물러나고 5월 보수당과 자유민주당의 연립정부가 집권했다. 2010년 총선에서 노동당의 소득세율 인상 공약(최고세율을 45%에서 50%로 인상)과 보수당의 법인세 인하 공약(최고세율 20%에서 18%로 인하)이 첨예하게 맞붙었다. 노동당 정부가 지속적으로 법인세율을 인상하자 기업들(구글, 야후, P&G, 맥도날드 등)의 영국 탈출이 이어졌으며, 국민들은 고용 사정이 악화됨에 따라 노동당의 반기업정책에 염증을 느끼고 있던 상황이었다. 이에 보수당은 '영국을 기업하기 좋은 나라'로 만들 것을 공약하고 노동시장의 유연성 제고와 G7 국가들 중 가장 낮은 법인세를 약속했다.

데이비드 캐머런 총리가 이끄는 보수-자민당 연립정부는 영국경제를 노동당 정부의 고복지-고세율-저임금 경제를 저복지-저세율-고임금 경제로 전환하기 위한 개혁에 착수했다. 경기침체에도 불구하고 복지 지출과 공공예산을 감축함으로써 GDP 대비 재정적자 비율을 2009/10 회계연도의 11.6%에서 2014/15 회계연도에 4.3%로까지 낮추어 재정건전성을 높였으며, 여기서 마련된 재정 여력을 기업의 연구개발 지원 등에 투입하여 성장잠재력을 높이는 데 사용했다.

연립정부의 노력에도 불구하고 시장과 기업의 신뢰를 회복하는데는 3년이 넘게 걸렸다. 2010년에서 2012년까지 꿈쩍하지 않던 민간소비와 기업투자가 2013년에 접어들면서 호전되기 시작하여

영국 캐머런 총리의 과잉복지론

> "복지가 해로운 수준에 이르렀다."
>
> "해로운 복지 의존 문화를 개혁하는 것이 영국의 미래를 대비하는 우리 임무의 핵심."
>
> "우리가 추진하는 복지개혁은 지속가능한 비용을 지불한다는 전제하에서 복지체계가 근로와 개인의 책임을 장려하는 것을 확실히 하는 데 있다."
>
> "앞으로 5년간 증세는 없다."
>
> "정부는 번 만큼 써야 한다."

성장 모멘텀을 회복함으로써 GDP 성장률은 2013년 2.9%, 2014년 2.8%, 2015년 2.2%로 견고한 성장세를 이어갔다.

브렉시트, 영국은 다시 혼돈으로

2015년 5월 총선에서 캐머런 총리는 브렉시트에 대한 국민투표를 2017년까지 실시하기로 공약했다. 2016년 5월 국민투표를 실시한 결과, 영국인들은 EU 탈퇴를 선택했다. 캐머런 총리는 사임하고 메이Theresa May 총리가 취임했으나, EU와의 협상은 지지부진한 상태에 있어 영국의 장래에 대한 불확실성이 계속 높아지고 있다. 특히 영국 경제의 중추인 '더시티The City, 전 세계 주요 금융회사가 모여 있는 런던의 특별행정구역'의 국제금융센터로서의 위치가 미래의 불확실해져서 흔들리고 있다. 경제는 세계경제의 회복세에 힘입어 호조세를 보이고 있으나, 최소한 5만 명 이상을 고용할 수 있는 외국인 투자가 영국 대신 독일과 프랑스 등의 대륙으로 이동한 것으로 분석되고 있다.

단명의 정치 지도력, 일본의 '잃어버린 20년'

'잃어버린 20년'이 진행되는 동안 일본의 개혁 노력이 없었던 것은 아니다. 1993년 8월 호소카와 총리가 이끄는 비자민당·비공산당 연립내각이 출범하여 적자 국채의 발행 중단과 복지세 신설, 행정개혁, 규제개혁, 지방분권 등 광범위한 개혁을 추진하여 국민들의 기대를 모았다. 그러나 내각의 분열과 총리의 차입금 처리 문제를 빌미로 한 자민당의 공세에 밀려 호소카와 총리가 1년도 안 된 1994년 5월 사임했다. 이후 2001년 4월부터 2006년 9월까지 고이즈미 내각[7]이 금융개혁과 우정사업 민영화 등을 추진했다.

1991년부터 2012년 12월, 2차 아베 내각이 출범하기까지 22년간 총 14명의 총리가 국정을 맡았으며, 최장수 총리인 고이즈미를 제외한 13명 총리의 평균 재임기간은 15개월에 불과했다. '잃어버린 20년' 동안 역대 총리들의 짧은 재임기간은 정치 지도력의 한계를 반영한 것이며, 단기의 정치 지도력은 제대로 된 개혁을 구상하고 국민들을 설득하고 추진하기에 역부족일 수밖에 없다.

경제 회생과 실패의 열쇠

무엇이 독일경제를 다시 살아나게 했는가? 또 무엇이 간신히 역동성을 회복한 영국경제를 다시 위협하고 있으며, 일본경제를 '잃어버린 20년'의 길고 깊은 고통으로 밀어 넣었는가? 독일과 영국, 일본의 경험이 전환기에 직면한 한국경제에 주는 교훈은 무엇인가?

앞서 살펴본 바와 같이 가장 결정적인 열쇠는 다음 두 가지로 집약된다. 첫째, 당파를 떠나서 국가와 미래에 대한 책임을 지려는 정치적 지도력이 반드시 필요하다. 슈뢰더 총리의 자서전은 다음과 같이 마무리한다. "이렇게 해서 우리가 1998년에 착수한 사회민주주의 시대가 도래했다. 이 일이 가능했던 것은 내일의 세계를 해쳐나가기 위해 국가가 시급하게 필요한 개혁과제를 설계하고 관철하는 일을 두려워하지 않았기 때문이다."

둘째, 개혁에 대한 국민들의 반응이 결정적이다. 슈뢰더 총리는 사민당 좌파와 노동조합은 물론 국민들에게 개혁을 설득하기가 얼마나 어려운지를 자서전 곳곳에서 언급하고 있다. 영국의 브렉시트 경우, 국민들이 보수당의 예상과는 전혀 다른 선택을 함으로써 EU와의 협상은 물론, 영국의 장래까지도 불확실성에 갇히게 하는 결과를 가져왔다. 독일의 경우, 2005년 9월 총선에서 독일 국민들은 사민당과 녹색당 연립정권을 끌어내렸지만, 어느 정당도 과반수를 차지하지 못하게 하여 다시 대연정이 이루게 만들었다. 그 결과 '어젠다 2010'이 지속적으로 추진되도록 하는 절묘한 선택을 했다. 일본의 경우는 국민들이 '냄비 속의 개구리'처럼 고통을 참고 적응함으로써 정치권에 개혁을 강하게 요구하지 않았다.

슈뢰더 전 독일 총리는 2003년 4월 국회에서 '어젠다 2010'을 발표하면서 전 독일 국민들에게 각자의 자리에서 누구도 예외 없이 자기 몫의 책임을 다할 것을 요구한 바 있다. 국민들에게 각자의 책임을 요구하는 정치 지도지와 가자의 책임을 감당하는 국민이 있었기 때문에 독일은 다시 유럽의 패권국가로 부활했다. 반면 그런 정치 지도자도, 그런 국민도 없었던 일본은 '잃어버린 20년'의 고통을 겪어야만 했다.

이제 우리 자신에게 물어볼 차례다. 우리에게 그런 정치 지도자가 있는가? 우리는 국가와 사회의 미래를 위해 각자의 몫을 다할 준비가 되어 있는가? 세기적 대전환기에 직면한 대한민국의 미래는 이 물음에 어떤 답을 하느냐에 달려 있다.

21

전략적 전환점과 각국의 대응

20세기 초에 미국은 전기의 산업동력화(1913년 포드시스템 발표)를 계기로 영국을 추월하여 세계 최대의 경제대국으로 도약했다. 그로부터 100여 년이 지난 오늘날 세계는 이른바 '제4차 산업혁명' 또는 '2차 기계혁명', '디지털 전환' 등으로 불리는 기술의 대전환이 진행되고 있다. 한편 소련이 붕괴한 후 1990년대부터 미국이 세계경제 질서로 추진해온 글로벌리즘이 최근 후퇴하고, 미국 트럼프 대통령이 주창하는 '아메리카 퍼스트'와 영국의 '브렉시트' 등 자국이익주의가 대두되고 있다. 세계경제 질서의 변화와 기술혁명이 중첩적으로 진행되는 대전환기가 진행되고 있다. 이에 대응하여 각국들은 자국의 우위를 확보하기 위해 세기적 경쟁을 벌이고 있으며, 이 경쟁의 결과에 따라 21세기 세계경제의 판도가 결정될 것이다.

〈표 5-3〉 **각국의 디지털 전환대응정책**

미국	미국 제조업혁신 재활성화법(2013), 본국회귀계획
일본	2015일본부흥전략, 인더스트리얼 밸류-체인 이니셔티브(30개 민간기업 컨소시엄)
독일	하이테크 비전2020(2006년부터 추진), 인더스트리4.0
영국	UK혁신(2014)
중국	중국제조 2025
한국	정부3.0, 스마트공장

디지털 기술을 통한 선진국들의 제조업 대반격

현재 세계 각국은 '디지털 전환'을 통해 제2차 기계혁명의 주도권을 장악하려고 치열한 경쟁을 하고 있다. 주목해야 할 점은 각국들이 디지털 기술의 경쟁에 그치지 않고 차제에 제조업의 부흥을 함께 추진하고 있다는 사실이다. 디지털 기술을 적용해 그동안 중국을 비롯한 신흥국들에게 빼앗겼던 제조업의 경쟁력을 되찾고자 하는 선진국들의 대반격이 시작되었으며, 미국 트럼프 대통령은 기존의 다자간 무역협정을 개정함으로써 미국의 제조업 부흥을 지원하고자 하는 전략을 추진하고 있다.

디지털 전환 과정을 미국의 제조업 부흥의 전기로 만들려는 미국 학계의 대표적인 노력을 《미국 제조Making in America》(2014), 《혁신경제에서의 상품Production in the Innovation Economy》(2014)에서 찾아 볼 수 있다. 또한 미국 기업들의 미국 복귀를 촉진하기 위한 '본국회귀Reshoring'는 이미 오바마 대통령 시절에 제조업 부흥정책과 함께 시작되었으며, 트럼프 대통령의 미국 기업들의 미국 복귀를 촉진하는 노력은 이 흐름을 계승한 것이다.

한편 일본은 2015년 제조업 부흥전략을 발표했으며, 영국은 2014년 산업혁신전략을 세웠다. 디지털 전환의 측면에서 가장 먼저, 가장 조용하게 주목할 만한 성과를 거두고 있는 나라는 독일이다. 독일은 2006년부터 자국 경쟁력의 핵심인 제조업을 디지털 기술을 통해 경쟁력을 강화하고자 하는 '인더스트리 4.0'을 추진해왔다. 20세기의 기계혁명이 가져온 대량생산 기술에 디지털 기술을 접목시켜 경쟁력을 강화한다는 것이 독일의 전략이다.

중국의 '중국제조 2025'는 독일의 '인더스트리 4.0'을 벤치마킹한 것으로 디지털 기술 개발을 통해 중국의 기술굴기와 제조업 혁신을 도모하려는 전략이다. 대표적으로 세계 반도체 생산의 1/3을 수입하고 있는 중국 정부는 반도체 자급률을 현재의 20%에서 2025년까지 70% 수준으로 높이기 위해 2차로 474억 달러 규모의 투자 펀드 조성을 추진하고 있으며, 65나노미터 이하의 미세공정을 생산하고 150억 위안(2조 5,000억 원) 이상 투자하는 반도체 업체에 대해서는 2018년 3월부터 5년간 법인세를 면제한다는 조치를 발표한 바 있다.

즉 디지털 전환을 계기로 제조업 경쟁이 세계적으로 전개되고 있다는 사실을 주목할 필요가 있다. 그렇기 때문에 현재는 미국과 중국 간 관세 보복을 위주로 무역마찰이 전개되고 있으나, 곧 제조업 경쟁력을 결정하는 지적재산권과 첨단기술 이전 문제로 마찰이 확산 될 것이다. 미국 트럼프 행정부는 미국의 지적재산권과 첨단기술의 유출을 막아 더 이상 중국이 미국의 제조업을 추격할 수 없도록 외국인투자심의위원회CFIUS, Committee on Foreign Investment in the United States의 권한을 강화하여 중요한 인프라와 하이테크 기업에 대한 외국 기업의 투자를 심사하는 제도를 2018년 8월부터 발효했으며, 심지어 국가안보 차원에서 첨단기술의 해외 유출을 방지할 수 있도록 하는 '국방수권법National defense Authorization Act(2018년 10월 1일 발효)'을 제정한 바 있다.

대한민국은 국가전략 부재

이러한 세계적이고 세기적인 제조업 부흥의 경쟁 속에서 제조업 상품의 수출에 국민 경제의 절반을 의지하고 있는 우리나라는 무엇을 하고 있는가? 박근혜 정부에서 '스마트 공장' 정책을 추진했으나 그나마도 문재인 정부 들어 사라졌다. 제조업의 디지털 전환에 대한 전략 부재는 세기적 대전환의 시대에 대한 국가전략의 부재와 정부의 정책 시계의 한계를 보여주는 대표적인 사례라고 할 것이다.

제4차 산업혁명에는 '패스트 팔로어Fast follower'가 살아남을 공간이 없다. 오직 '퍼스트 무버First mover'로서 새로운 세상을 여는 기업만이 '지존의 황금오리'로서 '황금알'을 낳을 뿐이다. 이 '퍼스트 무버의 황금알'이 디지털 시대의 국력을 결정하게 될 것이기 때문에 자국의 '황금오리'들이 '황금알'을 낳을 수 있는 생태계를 조성하기 위해 중국 정부는 산업지원정책을 추진하고, 미국 정부는 세계무역

질서를 뒤흔들면서까지 산업보호정책을 취하고 있다. 아쉽게도 우리나라 기업들만 '미운 오리'의 울타리에 갇혀 허우적거리고 있을 뿐이다.

Ⅵ. 희망 만들기

제2차 세계대전 이후 최장 불황이 계속되면서 이른바 '대불황시대The Great Recession'라고 불리는 오늘날과 같은 절망의 시대에 대하여 케인즈라면 과연 어떤 이야기를 했을까? 케인즈 평전에 소개하고 있는 여러 가지 해석 중에서 가장 인상적인 대목은 케인즈가 케임브리지에서 강의했던 4년간(1932~1935) 모든 강의를 들은 제자 로리 타시스가 남긴 이야기다. 타시스에 따르면 놀랍게도 케인즈가 이야기한 것은 한마디로 '희망hope'이었다는 것이다.[1]

제1차 세계대전의 후유증으로 신음하던 시대에 케인즈는 자본주의의 반영을 회복할 수 있다는 '희망'을 이야기했으며, '가능할' 뿐만 아니라 마땅히 '해야 할' 것, 그리고 '해낸' 것이 무엇인지 이야기했다.

22

지속적인 성장의 꿈

우리의 희망은 개발시대의 성공으로 선진국의 문턱까지 이르렀듯이 고령화 시대에 직면한 다음 세대도 이 번영을 지속하는 것이다. 이 희망을 이루기 위해서는 역동적 경제·포용적 정치·다원적 가치를 존중하는 사회의 실현이 필수적이다. '국민이 행복한 나라'를 만들려면, 지속적인 경제성장과 더불어 포용적인 정치와 다양한 가치를 인정하는 사회를 지향하여 국민들의 물질적·문화적·정신적 삶의 질을 높여야 한다. 그러기 위해서는 지속적인 경제력의 확보는 가장 중요한 필요조건이다.

세계적인 저성장 추세에도 불구하고 성장잠재력을 최대한 제고하기 위해서는 역동적인 경제 활동을 촉진하는 경제 시스템과 정책운용이 필요하다. 성장의 뒷받침 없이는 복지의 지속적인 향상도 불가능하다. 한편 포용적인 정치로 국민을 통합하여 국력을 효율적으로 조직화하며, 사회적 가치를 다양화하여 보다 많은 국민들의 저마다의 삶이 가치와 행복을 느낄 수 있도록 하는 것이 필요하다.

보수정권은 경제의 역동성을 제고하기 위해 노력했으나, 정치의 포용성과 사회적 가치를 다원화하는 데 실패함으로써 국민에게서 퇴출 요구를 받고 물러났다. 촛불혁명의 후광으로 집권한 문재인 정권은 경제적 양극화를 완화하고 사회적 가치를 다원화하는 데는 성과를 보이고 있으나, 경제의 역동성을 훼손함으로써 지속가능성에 대한 국민의 신뢰를 얻는 데는 어려움을 겪고 있는 것으로 보인다. 문재인 정권이 2020년 총선과 2022년 대통령 선거에서 승리하여 민주당 정부가 계속 집권을 하든, 아니면 지금은 지리멸렬한 보수정당이 재정비하여 다시 국민의 선택을 받는 데 성공하든 어떤 경우에도 역동성 있는 경제로 지속가능한 성장을 약속하고 포용적인 정치로 국민을 통합해야 한다. 그래서 국민의 다양한 삶에 가치를 부여하고 행복을 느끼도록 하는 방향으로 나아가야 한다.

제대로 된 정책 3년이면

제대로 된 정책을 3년만 일관되게 추진하면, 국민들의 신뢰를 얻고 정책이 탄력을 받아 경제의 역동성을 회복할 수 있다. 여기서 제대로 된 정책이라 함은 시장의 신뢰를 얻을 수 있는 정책과 사회안전망으로 국민을 안심시키는 정책을 말한다.

한국경제는 세계 어느 국가보다도 폭 넓은 상품 생산역량을 가지고 있다. 쉽게 말해 동대문시장의 의류제품으로부터 기계·철강·자동차·석유화학 등 중후장대 산업, 나아가 삼성전자의 첨단 반도체에 이르기까지 거의 모든 제조업에서 최고 품질의 상품을 어느 나라보다도 최단시간에 대량으로 생산할 수 있는 생산역량을 가지고 있다. 게다가 우리나라는 1960년대 초 1인당 GDP 82달러의 가난한 나라에서 오늘날 1인당 GDP 3만 달러의 선진국 문턱에 이르기까지 짧은 시간 동안의 폭 넓은 개발경험을 가지고 있다. 즉 한국경제의 강점은 개발도상국과 선진국을 아우르고, 섬유제품에서 반도체까지 모든 공산품을 수출하는 다차원의 '허브 경제herb economy'의 특성을 가지고 있다는 점이다. 이 '허브 경제'의 강점을 경쟁력으로 하여 한국경제의 성공 경험을 다른 개도국에 이전하는 동시에 한국경제의 지속적인 발전을 도모하는 글로벌 전략을 추진할 필요가 있다.

국민의 삶을 풍요롭게 하는 힘은 경제의 생산력에서 나온다. 제조업이 상당한 상처를 입기는 했지만, 여전히 대한민국은 제조업 강국의 저력을 가지고 있다. 2012년부터 2016년 중반까지 부진했던 수출이 2016년 4분기부터 세계무역 회복세에 힘입어 2017년 세계에서 가장 높은 수출 증가율을 기록하면서 세계무역 6위 국가로 도약할 수 있었다. 반도체 거품도 있지만 수출의 78%를 차지하는 주력 품목 13개 중 9개 품목이 증가하여 2016년 5.9%에 그쳤던 수출증가율을 2017년 15.8%로 끌어올렸기 때문이다. 이것은 아직 우리나라 제조업의 역동성이 살아 있음을 보여주는 것이며, 경제의 생태계를 혁신하고 일관된 정책을 지속적으로 추진하면, 한국경제의 희망을 다시 일으킬 수 있음을 보여주는 것이다.

〈그림 6-1〉 지속적인 국가발전 균형의 틀

튼튼한 사회안전망, 강한 경제력이 필수

만약 지속적으로 강한 경제력이 뒷받침되지 않는다면, 정부의 재정능력만으로 양극화의 완화와 고령화에 대응하는 사회안전망을 확충하기 어렵다. 고령화에 대응하기 위해서는 사회안전망의 확충이 불가피한 상황에서 정부의 재정능력이 사회안전망을 확대하는 데 필요한 재원을 충당할 수 없다면, 대안은 국채를 발행하여 재원을 조달하는 것뿐이다. 태어나지도 않은 다음 세대의 부담으로 복지를 확대한다는 것은 바람직한 일이 아닐 뿐만 아니라 지속가능하지도 않다. 그렇기 때문에 지속가능한 경제력의 유지하는 것은 복지지출 확대의 필수조건이다. 시장경제는 사회적 책임을 이행할 때만 미래가 있다.

우리나라는 다행히 경제의 역동성을 회복하는 데 필요한 재원을 가지고 있다. 아직 다른 국가들에 비해 국가재정의 건전성이 높기 때문에 필요한 재원을 조달할 수 있는 여력을 가지고 있다. 2015년 기준으로 OECD국가들의 평균 GDP대비 국가채무비율이 122.2%

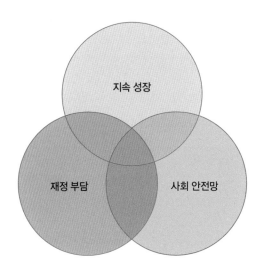

인 반면 우리나라는 43.2%에 불과하다. 물론 OECD국가들의 상당수가 이미 고령화가 어느 정도 진행되어 고령화에 따른 재정지출이 안정 단계에 진입한 반면, 우리나라는 아직 고령화의 진입 단계에 있기 때문에 앞으로 복지지출이 늘어날 것이다. 이를 고려하면, 잠재적 재정건전성을 낮게 평가할 수도 있다. 그러나 현재의 재정 여력을 성장잠재력을 높이는 데 투자하여 지속성장 가능성을 제고한다면, 고령화의 재정 수요에 대응하더라도 장기적으로 재정건전성을 유지할 수 있다. 이런 점에서 우리나라가 선진국에 진입하는 것은 낙관적이다. 최소한 경제적 측면에서는 분명하게 필요조건을 갖추고 있다.

나라다운 나라의 경제, 역동성과 포용적 성장

촛불혁명의 대의였던 '나라다운 나라'를 만들기 위해서 어떤 경제정책을 추진해야 할 것인가? 그것은 분명히 소수 대기업이나 기득권 계층의 이익이 아니라 국민의 절대 다수가 의지할 수 있는 사회안전망을 제공하는 것이다. 이와 같은 사회안전망을 지속적으로 제공하기 위해서는 튼튼한 경제력이 필요하다. 따라서 해답은 '포용적 성장과 역동적인 경제'라고 할 수 있다. 문재인 정부도 이와 같은 고민에서 소득주도·혁신성장·공정경제를 경제정책의 틀로 세웠던 것으로 보인다. 그러나 앞서 살펴본 바와 같이 장기적 목표의 타당성에도 불구하고 그것을 단기적인 운용 과정에서 시장과 충돌하여 정책이 의도치 않은 결과를 가져오기 쉽다. 그 결과 정책의 지속적인 추진이 어려워지기도 한다. 그래서 장기적인 목표에 대한 정치적 신념을 유지하면서도, 단기적으로 시장을 설득할 수 있는 효과적인 정책을 개발해야 한다. 정치적 지향점과 경제정책 수단 간, 장기목표와 정책의 유효성 간의 균형 있는 운영이 '비전'을 실천하는 핵심이라고 할 것이다.

23

다음 세대를 위한 비전

다음 세대가 우리 세대보다 잘 살기 어려울 것이라는 예상을 하는 나라가 비단 우리나라만이 아니라는 사실은 생각해볼 필요가 있다. 한 연구에 따르면, 전 세계적으로 다음 세대가 재정적으로 부모세대보다 '나을 것'이라는 낙관적인 전망보다 '못할 것'이라는 비관적인 전망이 훨씬 우세한 것으로 나타났다〈표 6-1〉. 선진국 국가군의 중앙값은 낙관론이 34%인 반면 비관론은 56%로 나타났으며, 신흥국의 중앙값은 낙관론이 42%, 비관론이 53%로 나타났다. 우리나라는 낙관론이 41%를 차지하여 선진국 국가들의 중앙값 34%보다 높고, 비관론이 53%로 선진국 중앙값 56%보다 낮은 것으로 나타났다. 흥미로운 점은 우리 국민들이 부러워하는 북구의 '행복한 복지국가'들에서조차 우리나라보다 낙관론은 낮고 비관론이 더 높은 것으로 나타났다.

이러한 조사결과는 우리나라의 젊은 세대들에게 희망이 없다는 비관론에 포로가 되는 것이 타당하지 않다고 말한다. 우리나라 젊은 세대들을 불행하게 느끼게 하는 결혼, 출산, 노후 등의 문제가 훨씬 적은 북구의 복지국가에서조차 미래에 대한 비관론이 우리나라보다 더 높다는 사실은 최소한 '헬조선'이나 '이생망(이번 생은 망했다)'이 세계적인 시각에서 볼 때, 타당성이 미약하다는 것을 시사한다. 남의 떡이 더 커 보일 뿐, '헬조선'이라고 해도 우리나라보다 더 희망적인 나라를 찾기 어려운 것도 사실이다.

과연 무엇이 잘못되었는가

우리나라 출산율은 세계적으로 전례를 찾을 수 없을 정도로 빠르게 낮아졌다. 세계에서 가장 낮은 출산율은 머지않아 세계에서 가장 빠른 속도로 고령화 사회에 진입한다는 것을 의미한다. 이 두려운 전개를 앞에 두고도 우리 사회는 아직도 무엇이 잘못되었는지에 대한 깊은 고민이 부족해 보인다.

그렇다고 해서 정부가 노력하지 않은 것은 아니다. 정부는 2004년 저출산·고령화에 관한 법률을 제정하고, 이 법에 의거하여 5년 단위로 기본계획을 수립해왔으며, 현재 제3차 기본계획을 추진하고 있다. 더구나 정부는 지난 10년간 저출산대책으로 무려 80조 원의 재정을 쏟아부었다. 그럼에도 불구하고 여성 1명이 평생 낳을 것으로 예상되는 평균 출생아수를 의미하는 합계출산율은 2003년 1.18명에서 2016년 1.17명으로 오히려 낮아져서 2015년 기준으로 거의 꼴찌에 가까운 세계 220위다.

⟨표 6-1⟩ 현재의 청소년들이 성년이 됐을 때,
부모 세대보다 재정적으로 나아질 수 있을까?

선진국	나빠질 것	좋아질 것	신흥국	나빠질 것	좋아질 것
폴란드	25	59	튀니지	64	33
러시아	29	51	인도네시아	17	75
한국	53	41	필리핀	21	69
이스라엘	36	40	인도	19	66
아르헨티나	49	37	나이지리아	32	65
독일	52	37	브라질	53	42
네덜란드	54	36	남아프리카	54	40
미국	57	33	멕시코	57	36
호주	65	23	케냐	60	36
캐나다	67	25	-		
스페인	72	24	-		
영국	70	23	-		
이탈리아	61	19	-		
그리스	69	18	-		
일본	76	15	-		
프랑스	80	15	-		
선진국 중앙값	56	34	신흥국 중앙값	63	42

자료: PEW 리서치센터, ⟨Spring 2018 Global Survey⟩, 2018

출산율뿐만이 아니라 결혼 문제도 심각하다. 보건사회연구원 연구에 따르면, 50세 미혼율은 2015년 3.8%에서 2025년 10.5%로 급증할 것으로 전망되고 있다.

과연 무엇이 잘못되었는가? 최근 국가인권위원회는 저출산 문제의 원인을 여성의 탓으로 인식하는 것은 잘못된 것이며, 근본 원인이 청년들의 취업난과 높은 주거비용, 여성의 출산 후 경력단절 문제, 일과 육아를 양립하기 어려운 여건 등 사회 구조적인 문제에 있음을 지적한 바 있다. 결혼을 기피하는 이유도 거의 같다.

한 조사에 따르면, 2016년 일반국민들은 인구 1,000명당 14.5명의 신생아를 낳은 반면에 중앙부처 공무원들은 32.7명, 지자체 공무원은 30.7명의 신생아를 낳아 공무원이 일반 국민보다 2배나 높은 출산율을 보인 것으로 나타났다.[2] 일반 국민과 공무원 간의 출산율의 격차는 소득의 격차가 아니라 출산을 둘러싼 환경의 차이 때문으로 해석된다. 즉 출산에 따른 출산휴가와 복직에서 공무원은 불이익을 받거나 눈치를 볼 필요가 없는 직장 환경이 보장되기 때문이다. 따라서 출산율을 높이기 위해서는 출산과 육아의 생태계를 개선하는 것이 핵심이다. 즉 민간 기업에서도 출산휴가와 산후복직을 편하게 보장하는 조직문화가 정착되면, 우리나라도 출산율을 높일 수 있을 것으로 보인다.

세대간 '폭탄 돌리기'

다음 세대가 우리 세대보다 못사는 것보다 더 심각한 문제가 있다.

그것은 바로 세대 간 '폭탄 돌리기'다. 기성세대는 자신들의 노후 문제를 제대로 대응할 능력도 없는데, 청년세대의 장래까지 걱정할 여유가 없다. 마찬가지로 청년 세대도 자신들의 암담한 장래에 대비할 힘도 부족한데 기성세대의 노후까지 걱정할 겨를이 없다. 그래서 나이 든 보수 세대는 진보정권이 무책임한 '퍼주기' 정책으로 재정을 거덜 내고 있다고 비판하는 반면, 진보 진영에서는 지난 보수정권이 국정을 엉망으로 만들고 사회를 양극화시켰다고 비난하고 있다. 한마디로 대한민국은 총체적으로 '폭탄 돌리기'가 진행 중이다. 그렇다면 이 '폭탄'은 결국 누구에게 돌아가게 될 것인가?

일본의 '잃어버린 20년'이 진행되는 동안, 일본 정치인들을 비롯한 지도층의 모습이 '냄비 속 개구리'로 비유되었다. 그런데 작금의 대한민국의 모습도 '냄비 속 개구리'와 크게 다르지 않다. 냄비 뚜껑을 열어볼 용기가 없는 정부는 대기업 때문에, 대기업은 정부 규제 때문에, 다시 정부는 국회 때문에, 여당은 야당 때문에, 야당은 여당 때문에 신문의 정치면은 날마다 '남 탓'이나 하는 냄비 속 개구리들의 아우성치는 모습으로 가득하다. 그러나 확실한 것은 '남탓'으로는 대안을 찾을 수 없다는 사실이다.

저마다 자기 몫의 책임을 져야

집회·시위 건수가 2018년 1월에서 7월까지 3만 7,478건으로 작년 같은 기간 2만 3,749건보다 58%나 증가한 것으로 나타났다.[3] 시위가 급증한 이유는 문재인 정부가 무엇을 잘못했기 때문이 아니라 촛불혁명 이후 불만이나 주장을 집회나 시위로 강하게 표출하는 성향이 사회적으로 현저하게 높아졌기 때문이다. 저마다의 주장만큼이나 한국경제를 다시 일으키는 데 필요한 저마다의 책임을 다한다면, 한국경제는 곧 역동성을 회복할 것이다. 반대로 저마다 목소리는 높이면서 각자의 책임은 방기한다면, 사회는 시끄럽고 민의의 통합이 어려워져 문제 해결을 위한 대안을 찾기 어려워질 것이다.

문제의 근본적인 원인은 저성장시대가 왔음에도 불구하고 우리 생활은 여전히 고압력 사회를 벗어나지 않기 때문이다. 단적인 예로 지난 10년간 도시가계의 실질소득은 15% 증가한 반면, 아파트 매매가격은 32%, 전세가격은 70% 상승하여 내집마련은 갈수록 어려워지고 있다. 한편 여성이 일과 양육을 양립할 수 있는 사회적 여건이 개선되지 않아 기혼여성의 경력 단절 경험률은 44%에 달한다. 좋은 일자리를 구하기 어려울 뿐만 아니라 취업을 해도 낮은 소득증가와 실직의 위협 등으로 결혼과 출산을 둘러싼 경제적 압력이 오히려 과거보다 높아졌다고 할 수 있다. 그런 결과로 젊은 세대들이 '헬조선'이라고 아우성치는 것을 나무랄 수만은 없다.

그렇다면 어떻게 해야 할 것인가? 저성장시대가 불가피한 만큼, 저성장시대에 상응하는 경제·사회적 환경과 가치체계를 바꾸는 것이 해답이다. 한마디로 저압력 사회로 이행해야 한다. 세계에서 가장 긴 근로시간을 가지고 있는 조직문화, 아이들에게 높은 성적을 압박하는 가정문화, 부와 권력을 좇는 가치관 등 저성장시대의 삶을 압박하는 압력을 대폭 완화하고 삶의 질을 중요하게 여기는 저압력 사회로의 전환이 절실하다.

저압력 사회로의 전환은 시대적 과제

저압력 사회로 전환하는 필요조건은 제왕적 대통령제The Imperial Presidency를 종식하는 것이다. 막강한 인사권의 범위를 축소하고 예상 편성권 및 법률제안권을 대폭 축소해야 한다.[4] 제왕적 대통령의 업적을 이루기 위해 대통령의 측근들은 권력을 행사하고 이에 공무원들은 밀어붙이기식의 행정력을 행사하는 유인을 가지고 있다. 따라서 이러한 권력 집중적인 정치구조를 개선하는 것이 우리 사회가 저압력 사회로 전환하는 데 절대적으로 필요한 조건이다. 저압력 사회로의 전환에는 기업의 역할도 중요하다. 단순 실적 위주의 경영문화를 가진 기업은 업적 추구를 위한 고압력 풍토를 벗어나기 어렵다. 변화의 속도와 범위가 다원적인 디지털 경제에서는 단기 업적 위주의 경영으로는 지속성장이 불가능하다. 따라서 추격시대의 고압력 업적주의 기업문화는 더 이상 효율적이지도 타당하지도 않다. 단기 실적보다 장기적인 다양성을 통한 기회 포착과 위험 관

〈표 6-2〉 **고압력 사회와 저압력 사회 비교**

구분	고압력 사회(현재)	저압력 사회(미래)
정치	제왕적 대통령(인사권, 재정, 법령)	권력 분산
의사결정	권력중심	기능중심
인사	연고주의crony capitalism	실력주의metrocracy
경쟁	추격방식	생태계 작용
기업 문화	단기업적주의	장기 지속성장력

리의 효율성을 높이기 위해서도 조직문화 혁신을 통해 근로시간 단축과 유연 근무제 도입 등으로 직원들의 삶의 질을 높이는 것이 중요하다. 월급 인상보다 근무시간을 줄이는 것이 더 중요하다.

현재의 고압력 사회를 저압력 사회로 전환하는 것은 시대적 과제다. 정부와 기업, 가정 모두가 각자의 역할에서 이 시대적 과제를 새로운 관점에서 적극 추진해야 한다. 그래서 젊은 세대가 더 지치고 질식하기 전에 저압력 사회로 전환하여 이 땅에서 희망을 가지고 살 수 있도록 격려하는 것이 시급하다.

24

제조업 부흥

제조업은 우리나라 취업자의 16.7%(2018년 9월)가 종사하는 최대의 고용산업이며, 국내총생산의 28%(2018년 상반기)를 차지하는 국가 경제의 핵심이다. 2011년에 대비하여 2017년까지 6년간 제조업 전체로 생산 능력은 10.6% 증가한 반면에 가동률은 10.6% 낮아졌다〈표 6-3〉 참조). 즉 제조업 전체의 생산능력은 연평균 1.7% 증가했으나, 중분류 21개 업종 중 생산 능력이 6년간 10% 이상 증가한 업종은 6개뿐이며 가동률이 높아진 업종은 8개에 불과하다. 중분류 21개 업종 중 지난 6년간 생산능력과 가동률이 함께 높아진 성장 업종은 7개에 불과하며, 나머지 14개 업종은 생산능력이 감소했거나 가동률이 낮아졌다. 이것이 시사하는 바는 무엇인가? 바로 우리 제조업의 성장이 둔화되고 위축되어 가는 모습이다. 이대로 간다면 과연 우리나라의 제조업은 어떻게 될 것이며, 그것은 한국경제의 미래에 무엇을 의미하는가? 만약 제조업 경쟁력 강화를 위한 대대적인 구

〈표 6-3〉 제조업 생산능력지수와 가동률지수 추이　　　　　　　　(2015=100)

구분	생산능력지수			가동률지수		
	2011(A)	2017(B)	B/A(%)	2011(C)	2017(D)	D/C(%)
제조업	93.9	103.9	10.6	108.5	97.1	-10.6
식료품	96.3	99.8	3.6	100	103.5	3.5
음료	95	99.7	4.9	95.3	104.5	9.6
섬유제품	104.5	98.9	-5.4	105.7	96	-9.2
가죽·가방	104.4	97.2	-6.9	107.8	83.2	-22.9
목재·나무	110	105.8	-3.9	93.1	103.8	11.4
펄프·종이	96.1	97.4	1.3	100.6	99.7	-0.9
코크스·석유정제	89.8	103.3	15	102.2	106.6	4.3
화학물질·화학	90.5	104.5	15.4	101.7	103.5	1.7
고무·플라스틱	91.9	100.5	9.3	87.5	99.5	13.7
비금속광물	94.7	105.9	11.8	103.7	106.4	2.6
1차금속	94	100.2	6.5	101.3	100.8	-0.5
금속가공제품	95	98	3.1	106.8	99.6	-6.8
전자부품·컴퓨터	88.6	113.8	28.4	120.2	91.9	-23.6
(반도체)	62.7	131.1	109	98.3	98.4	0.1
의료	86.6	107.7	24.3	118.1	103.2	-14.4
전기·장비	100.9	102.6	1.6	105.8	102.8	-2.9
기타기계	93.3	100.3	7.5	122.9	100.3	-18.4
자동차·트레일러	101.4	105.5	4	101.5	89.7	-11.7
기타운송장비	94.6	85.2	-11.0	126.6	75.1	-59.3
가구제조업	92.9	109.7	18	107.1	102.4	-4.4

자료: 통계청

조혁신 정책과 기업계의 노력이 추진되지 않는다면, 우리나라의 제조업은 중국의 추격에 수출시장은 물론 국내시장마저 내어주고, 과거 일본의 제조업이 겪었던 '잃어버린 20년'보다 더 혹독한 어려움을 겪을 위험이 다가오고 있음을 절박하게 느껴야 한다.

제조업 위기는 우려가 아니라 진행형

2017년 한국의 세계 수출시장 점유율이 8위(3.1%)에서 6위(3.4%)로 올라섰다는 것을 과신해서는 안 된다. 일본도 1993년 세계 수출시장 점유율이 9.8%를 찍으며 자신감이 넘쳤다. 그러나 지난 20여 년간 일본의 점유율은 절반이 넘게 줄어 2017년 4.3%를 기록했다. 우리도 일본과 같은 추락을 겪지 않는다고 장담할 수 없다. 더구나 제조업의 디지털 전환이 추진되는 시대에 제대로 대응하지 않는다면, 대규모 기계설비에 의존하고 있는 우리 기업들은 머지않아 경쟁력을 잃고 '지나간 전설'이 될 수도 있다. 우리 기업들은 지금 국내에서 덩치가 크다는 이유로 정부에 시달리는 한편, 세계 시장에서는 국가 차원에서 혁신을 지원하는 미국과 중국 기업들과 경쟁하고 있다.

일본경제가 지난 20년간 겪었던 제조업의 위기가 이제는 우리 경제에 그림자를 드리우고 있음을 주목하고, 국가적 차원에서 총력으로 대응해야 한다. 제조업 위기는 우려가 아니라 이미 진행형이라는 사실을 주목할 필요가 있으며, 정부와 기업, 학계가 힘을 합쳐 대응하는 것이 시급하다.

중국의 제조업 추월은 시간문제

미국과 중국 간의 무역마찰은 중국의 '중국제조 2025'의 추진 속도를 높여 중국의 산업경쟁력 제고를 더욱 촉진하는 결과를 가져올 것으로 예상된다. 물론 미국이 첨단기술에 대한 지적재산권 이전에 대한 규제를 강화함에 따라 중국의 제조업이 미국의 제조업을 추월하는 데는 시간이 더 걸릴 테지만, 반도체 산업을 제외하고는 기술격차가 크지 않기 때문에 중국의 제조업이 한국의 제조업을 추월하는 것은 더욱 앞당겨질 것으로 보인다. '중국제조 2025'의 추진 강화로 중국 수입대체산업의 성장을 의미하는 '차이나 인사이드'는 가속화될 것이며, 그 결과는 제조업 중간재에 대한 한국 의존도 저하될 것이다. 그 결과 우리나라의 대중국 수출은 앞으로 멀지 않은 시점에서 급격히 감소하는 것이 불가피해 보인다. 2017년과 2018년에 걸친 대중국 수출의 급증은 그만큼 앞으로 내려가야 할 계곡이 더 깊고 위험하다는 의미이다.

정부는 무엇을 하고 있는가?

문재인 정부의 경제정책 방향을 밝히고 있는 〈새정부 경제정책 방향〉(2017. 7. 25)에서 제시한 산업정책은 '협력·혁신 생태계 구축을 통해 중소기업의 성장동력화 촉진'이며, 구체적으로는 중소기업 전용 R&D 2배 확대 등을 통해 중소기업 집중 육성해서 2022년까지 6.5만 개 일자리 창출, 중소기업 성장 사다리를 복원하여 글로벌 소강기업 육성, 경제·산업 등 전 영역에 걸쳐 4차 산업혁명 대응 태세 강화 등이다.

중소기업과 벤처기업을 육성하여 현재의 대기업 중심으로 편향된 경제구조를 개선하겠다는 정부의 정책 방향은 당연히 바람직하다. 정도의 차이가 있을 뿐, 과거 정부들도 모두 중소기업과 벤처기업 육성정책에 주력했던 만큼 새로운 것도 없다. 그렇다면 지난 정부들이 중소기업과 벤처기업 육성에 노력했음에도 큰 성과를 거두지 못했던 이유를 돌아볼 필요가 있다. 문제는 기존의 제조업이 지속적인 성장의 생태계에 있지 않으면 정부가 추진하는 중소기업과 벤처기업을 중심으로 한 성장동력화 추진 전략도 소기의 성과를 거두기 어렵다는 것이다.

현실적으로 중소기업의 판매시장(2015년 자료)은 직접 수출이 8.7%, 대기업 납품 29.9%, 다른 중소기업 납품 47.6%, 직접 판매가 13.8%로 나타났다. 다른 중소기업에 납품하는 물량의 상당 부분이 대기업에 납품하는 것이라는 점을 고려해본다면, 기존의 대기업 중심의 제조업이 지속성장의 생태계를 유지하지 못하고 장기침체에 빠져 있으면, 기존 중소기업의 성장과 생존 역시 제조업 침체의 울타리에서 빠져나올 수 없다. 제조업이 위기라면, 이것은 대규모 제조업체, 즉 대기업에 국한된 위기가 아니라 대기업부터 중소기업까지 제조업 전반의 위기로 봐야 한다. 현실적으로 제조업의 장기침체에 현 정부가 추진하고 있는 최저임금 인상과 근로시간 단축까지 더해져 중소 제조업체들이 직면하고 있는 위기 상황은 훨씬 더 심각할 수 있다.

제조업의 디지털 전환 과제

아마도 현 정부의 시야에는 기존 제조업의 장기침체가 대기업들이 스스로 풀어야 할 문제일 뿐, 정부의 정책 과제에는 포함되지 않아 보인다. 주목해야 할 사실은 4차 산업혁명으로 인한 제조업의 최대 과제는 기존의 기계 설비에 의존하는 대규모 생산체제의 제조업 환경에서 어떻게 디지털화를 통한 혁신으로 생산성과 부가가치를 높이느냐다. 이 과제는 기존 기계 설비를 디지털화하는 데 막대한 투자가 필요하기 때문에 단기간에 중소기업이나 벤처기업을 육성해서 해결할 수 있는 것이 아니다. 즉 기존의 대규모 생산 기업들이 직면해 있는 문제를 그들이 대기업이라는 이유로 정부가 외면한다면, 우리 경제의 제조업은 현재 눈앞에 와 있는 장기침체의 늪에 빠지는 것은 물론, 4차 산업혁명에 실패해 낙오할 수밖에 없다. 그 결과가 한국경제에 무엇을 의미하는지는 앞서 설명한 바와 같다.

이러한 절체절명의 세기적 국가 경쟁에서 우리 정부는 무엇을 하고 있는가? 박근혜 정부에서 추진했던 '스마트공장 3.0'은 이제 흔적도 찾기 어렵다. 중소기업과 벤처기업 육성도 좋지만, 그 정도로는 이 세기적 경쟁에서 앞서나가기 어려워 보인다. 정부는 2018년 안으로 산업구조 개편안을 발표하겠다고 밝힌 바 있다. 과연 어떤 개편안을 발표할지 주목된다.

25

햇볕이 있을 때,
지붕을 고쳐라

우리나라 잠재성장률을 높일 수 있는 유일한 길은 구조개혁 밖에
없다. 우리나라는 제조업과 서비스업 사이에 생산성 격차가 큰 나
라다. 제조업은 수출의 대부분을 차지하는 주력산업이기 때문에 제
조업의 위축은 그 자체로 끝나는 것이 아니라 경제 전체의 추동력
상실로 확산된다는 점에서 중요하다. 따라서 이미 2012년부터 이어
진 침체 국면에서 여러 부분이 경쟁력을 잃고 있으므로 경쟁력 제
고를 위한 제조업 구조개혁이 필요하다. 뿐만 아니라 저부가가치와
과당경쟁으로 침체의 구조적 악순환에 빠져 있는 서비스업을 회생
시키기 위해서도 구조개혁이 절실하다.

　구조개혁은 특정 국가나 정권 차원의 문제가 아니다. 세계경제의
동력이 장기적으로 약화됨에 따라 여러 국제기구들이 모든 정부들
에 공통적으로 구조개혁을 통한 경제 체질의 강화를 권고하고 있다.
저성장과 고령화를 시대의 과제로 직면해 있는 한국경제에 구조개

혁은 더욱 중요하다. 그럼에도 불구하고 새 정부가 들어서자 공공기관의 성과급 도입이 중단되고, 공공기관 비정규직의 정규직화와 최저임금제 1만 원 인상 문제가 현안으로 부상함에 따라 문재인 정부에서는 구조개혁 차원의 노동개혁은 없다는 인식이 확산되고 있다. 노동시장의 차별 문제만큼이나 노동시장의 유연화도 중요한 개혁과제다. 여성들의 경제활동이 확대되지 않고서는 성장률을 높일 수 없다. 따라서 여성의 일과 가정의 양립을 자유롭게 하는 노동시장 개혁은 저출산과 저성장 대책의 핵심이다. 즉 잠재성장률의 향상은 여성 노동력의 경제활동 참가와 노동시장 유연성, 총요소생산성의 제고에 달려 있으며, 이러한 정책들의 성패는 노동시장의 구조개혁에 달려 있다.

장마에 대비하라

크리스틴 리가르드Christine Lagarde IMF 총재가 2017년 10월 5일에 하버드대학교에서 했던 강연 제목이다. 강연이 끝나고 며칠 후에 IMF가 발표한 세계경제 전망의 핵심은 2017년의 성장 모멘텀이 2018년에도 지속될 것이라는 낙관적인 전망이었다. 그러나 IMF 총재와 경제 전문가들이 블로그 등을 통해 강조하고자 하는 진짜 메시지는 현재의 성장세는 불완전하여 장기적으로 지속되기 어렵다는 것이다. 즉 지금 햇볕이 내리쬐고 있지만 이 햇볕이 오래갈 것 같지 않으니, 햇볕이 있을 때 지붕을 수리해서 장마에 대비하라는 것이다.

세계경제가 9년간 긴 침체 끝에 급반등하고 있는데, 왜 IMF는 이 회복세가 오래 가지 않을 것이라고 하는가? 선진국 중앙은행들의 지속적인 금융완화 정책이 효과를 발휘하여 총수요측면에서는 작년 4분기부터 세계 수출이 호전되었음에도 불구하고 공급 측면에서는 장기불황의 원인으로 지적되는 저물가·저생산성·저투자 문제가 아직 개선될 조짐을 보이지 않고 있기 때문이다. 다시 말해, 금년과 내년에 걸쳐 2008년 세계 금융위기 이후 가장 높은 성장률을 보일 것으로 예상되지만 그것이 세계경제의 기조가 새로운 회복국면에 들었다는 의미는 아니며 아직은 일시적인 회복세에 불과하다는 것이다.

'햇볕이 있을 때, 지붕을 고치'라는 IMF의 충고는 세 가지 메시지를 담고 있다. 우선 첫 번째는 고통스러운 장마가 다시 올 수 있다는 것. 두 번째는 지난 장마 이후 지붕이 약해져서 다음 장마를 무사히 견디기 어렵다는 것. 그리고 마지막 세 번째는 지붕을 고칠 수 있는 시간 여유가 길지 않다는 것이다. 즉 장기침체로 인해 생산성 저하 등 경제 체질이 약화되었기 때문에 성장의 역동성을 높이고 나아가 발발할 위험이 있는 다음 세계 금융위기에 대비해서 구조개혁을 통한 체질 개선이 필요하다는 것이다. 지붕을 고치기 위해서는 먼저 낡은 지붕을 허물어야 하듯 경제 체질을 강화하기 위해서는 고통스러운 구조개혁이 있어야 한다. 그렇기 때문에 햇볕이 있을 때 지붕을 고치라는 것이며, 금년과 내년에 걸친 상승 국면에서 구조개혁에 수반된 고통을 최소화하여 개혁 추진에 성공할 수 있는 적기라는 것이다.

한국은행의 연구[5]에 의하면, 2006년에서 2010년까지에 비해

IMF의 충고

구조개혁
• 노동시장의 이중구조 완화
• 정규직 일자리의 유연성 제고
• 기업에 대한 규제 완화
• 여성의 지위 향상 및 경제활동 강화

효과
• 산업생산성 제고
• 포용적 성장 촉진

정부의 역할
• 실업자에 대한 사회안전망 강화
• 공공부문의 고용확대
- 조심스럽게 시행해야 한다.
• 최저임금 인상률 조정
- 경제에 부담을 주지 않으면서도 노동자의 삶이 개선되고 국내소비가 증가하는   선을 찾는 것이 중요하다.
• 중소기업 지원
- 취약기업을 보호하는 방향이 아니라 성장과 혁신을 촉진하는 방향으로 한시적   으로 시행하는 것이 바람직하다.

2016년에서 2020년까지의 잠재성장률은 4분의 1이 낮아졌으며, 특히 노동과 자본의 기여도를 제외한 총요소생산성은 거의 절반으로 낮아졌다. 박근혜 정부는 경쟁력이 취약한 산업의 구조조정과 부실기업 정리를 미루고, 부채주도성장 정책으로 가계부채를 급증시켰다. 그 결과 보수정권 9년 동안 연기된 구조개혁의 과제가 고스란히 문재인 정부로 넘어왔다. 그러나 문재인 정부는 소득주도성장으로 정부의 곳간을 여는 데 주력할 뿐 구조개혁에 대해서는 언급조차 하지 않고 있으며, 일자리 문제가 갈수록 심각해지자 2018년 9월이 되어서야 산업구조 개편을 검토하겠다는 소식이 전해졌다.

노동시장의 이중구조 문제

우리나라는 정규직(67%)과 비정규직(33%)으로 노동시장이 분리되어 있다. 정규직과 비정규직 노동자 간에는 보수는 물론 복지와 교육 수혜에 현저한 차이가 있다⟨표 6-4⟩ 참조). 우리는 여기서 어떤 계층이 차별을 받는 비정규직인가를 살펴볼 필요가 있다.

⟨표 6-4⟩의 자료로 단순하게 계산하면, 비정규직의 평균임금은 정규직의 55% 수준이다. 그러나 통계청이 월 평균 임금자료를 이용하여 성별, 연령, 혼인 상태, 교육 수준, 근속기간, 직업, 산업 등을 제한한 후 정규직과 비정규직 노동자 간 임금격차를 분석하면, 비정규직 노동자는 정규직 노동자 임금의 90.6%를 받는 것으로 나타났다. 그렇다면 실제 비정규직의 임금 차별은 알려진 바와 같이 심각하지 않은가? 비정규직 노동자로 일하는 노동자의 계층적 특성을 살펴보면, 실제 임금격차는 크게 날 수밖에 없다. 비정규직 노동자의 연령계층 구조를 보면, 60세 이상이 23.5%, 50대가 21.5%를 차지하고, 산업별로는 서비스업에 91%가 종사하고 있다. 특히 개인서비스업에 50%, 도소매 및 음식, 숙박업이 20%를 차지하고 있다. 비정규직 노동자가 집중적으로 몰려 있는 산업이 저임금 비중이 높은 업종이라는 점을 감안한다면, 임금 격차는 차별의 문제라기보다 비정규직이 주로 일하는 산업의 특성에 의해 결정되는 것으로 보인다.

구분	임금 노동자	정규직	비정규직			
			소계	한시직	시간제	비전형
노동자 규모(천 명, %)	19,883	13,341	6,542	3,708	2,660	2,092
	100	67.1	32.9	18.6	13.4	10.5
월 임금(만 원)	242.3	284.3	156.5	173.7	80.0	170.1
주당 평균 취업 시간	38.0	40.7	32.6	35.0	20.4	37.2
퇴직급여(%)	72.5	87.8	41.5	59.4	19.2	31.3
상여금(%)	70.7	86.2	39.1	51.6	21.4	29.6
시간외수당(%)	47.7	59.2	24.2	33.5	11.3	16.2
유급휴일(%)	61.2	75.7	31.7	47.0	11.1	21.4
교육·훈련(%)	56.7	62.6	44.4	54.1	32.9	42.0
국민연금(%)	69.0	85.0	36.6	52.2	17.1	20.2
건강보험(%)	74.2	88.4	45.3	64.7	21.7	33.3
고용보험(%)	71.2	85.9	44.1	61.3	23.0	30.0

자료: 통계청, 〈2017년 8월 근로형태별 부가조사 결과〉, 2018

노동시장 내부 노동자와 외부 노동자 간의 차별

노동시장의 이중구조는 단순히 정규직과 비정규직의 차별과 계층 간 이동의 경직성 문제로 연결된다. 그러나 정규직과 비정규직의 구분보다 대체로 노동자 30인 이상의 규모에서 노동법을 비롯한 각 종 제도의 보호를 받는 노동시장 내부 노동자와 사실상 제도적 보호를 충분히 받지 못하는 외부 노동자로 구분하는 것이 타당하다. 특히 노조가 있는 대기업의 정규직 노동자(전체 노동자의 7.4%)의 임금을 정점으로 해서 노조가 없는 중소기업의 비정규직(전체 노동자의 26.4%)에 이르기까지 노동법의 보호에서부터 다양한 근로조건과 법적 지위를 가진 노동자 계층이 '차별' 구조에 놓여 있다.[6]

문제는 최저임금 인상과 같이 정부가 법으로 노동시장 내부자의 권익을 향상시킬수록 노동시장은 제도적 보호를 제대로 받지 못하는 노동시장 외부 노동자, 또는 아직 노동시장에 진입하지 못한 대기자들에 대한 차별이 확대되는 양상으로 나타난다는 점이다. 그 결과 정부의 노동자 권익보호 강화는 오히려 노동시장 내부자와 외부자 간의 차별과 소득 격차를 확대시킨다.

노동시장 내부자와 외부자 사이의 이중구조는 특히 전일제 직장을 아직 구하지 못해서 임시직으로 생활비를 조달하는 청년층이 겪는 근로빈곤working poor 문제를 일으키는 중요한 요인으로 작용한다. '청년위원회'의 보고서[7]에 따르면, 2007년부터 2013년까지 7년간 근로빈곤을 2~3회 경험한 비율이 38.6%로 가장 높았으며, 4회 이상 경험한 비율도 32.3%에 달했다. 중장년층은 2~3회 경험한 사람이 26.4%, 4회 이상 경험한 사람이 39.3%였다. 2회 이상 경험한 비율을 보면 청년이 중장년보다 5.2%포인트나 높아 청년들의 빈곤 탈출률이 낮다는 것을 보여주었다. 청년 중에서 불안정한 고용으로 언제든 빈곤선 아래로 추락할 수 있는 2013년 기준 '근로빈곤 위기 계층'의 비율은 전체 청년의 47.4%에 달했다. 이러한 현상은 노동시장 외부자의 위치에 있는 청년층은 임금 자체가 낮을 뿐만 아니라 일자리도 불안하기 때문에 안정적인 소득을 기대하기 어렵기 때문이다.

노동시장을 왜곡시키는 가장 큰 원인으로 대기업 생산 계열상의 불공정한 거래 관계가 지적된다.[8] 환율 변화 등으로 원청에 원가 부담이 발생할 경우, 대기업은 노동조합의 파업 위협 등 다양한 이유에 부딪혀 원가 절감이 어려워진다. 그래서 1차 부품업체에 그 부담을 전가하고, 1차 부품업체는 다시 2차 협력업체에 전가하는 구조가 작동하고 있다. 그 결과 원청업체의 정규직 노동자는 과보호되고 하청업체의 비정규직 노동자는 보호가 미흡한 노동자 보호의 불균형이 발생한다.

혼란에 빠진 노동개혁

노동시장 유연성 제고에 역점을 두었던 박근혜 정부의 노동개혁은 세 가지로 요약된다. 첫 번째는 세대 간 상생고용 촉진을 위한 임금피크제 등 임금 체계의 개편이다. 청년고용 촉진과 공공기관 성과연봉제 도입 등을 골자로 한다. 두 번째는 원·하청 간 상생협력을 지원하기 위해 원청이 하청 노동자 근로조건 개선을 위한 상생 협력기금을 출연하도록 하고, 이에 대한 유인책으로 세제를 지원하는 것이다. 세 번째는 노동시장 유연성 제고를 위한 양대 노동지침으로 공정인사 지침(저성과자 해고 허용)과 취업규칙 변경조건 완화(사업주가 노동자에 불리한 근로조건을 도입할 때, 노조나 노동자 과반의 동의를 받도록 한 법규 완화)를 추진했다.

〈표 6-5〉 **2017년 연령별 비정규직 규모와 비중**

구분	15~19세	20~29세	30~39세	40~49세	50~59세	60세이상
인원(만명)	17.9	115.7	98.1	131.3	142.5	152.3
비중(%)	2.7	17.6	14.9	20	21.7	23.2

자료: 고용노동부

그러나 문재인 정부가 들어서면서 박근혜 정부의 양대 노동지침을 1년 8개월 만에 폐기했다(2017.9.25). 공공기관 성과 연봉제 도입도 폐지하는 한편, '기간제 및 단시간 노동자 보호법'의 개정을 추진하여 비정규직 사용제한과 정규직 전환을 촉진하고 있다. 그 이유는 사업주들이 비정규직 채용 2년 후 정규직 전환을 의무화한 조항을 피하기 위해 2년마다 해고와 재고용을 반복하는가 하면 쪼개기 계약으로 정규직 전환의무를 회피하는 행태가 만연하기 때문이다.

그러나 이러한 문재인 정부의 노동정책은 노동시장 내부의 차별 문제를 크게 개선하기는 어려울 것으로 보인다. 노동시장 외부의 취업 대기자들이 노동시장 내부로 진입하는 것은 더욱 어렵도록 작용할 가능성이 크다.

서비스업 구조조정

2016년 기준으로 우리나라에서 서비스업을 하는 사업체의 수는 281만 7,000개이고 종사자는 1,148만 명에 달한다. 종사자의 42%

〈표 6-6〉 **2017년 자영업자비중과 비정규직 고용비율 국제비교**   (단위: %)

구분	자영업자 비율	임시고용 비율	시간제고용 비율
한국	25.4	20.6	11.4
EU	15.5	14.3	16.9
OECD	-	11.2	16.9
G7	-	8.1	17.5
일본	10.4	7	22.4
독일	10.2	12.9	22.2
프랑스	11.6	16.9	14.2
미국	6.3	-	-

자료: OECD

가 200만 원 미만의 월급을 받고 있다. 종사자 1인당 연 매출액 1억 원 미만 업종은 숙박업·음식주점업·사업시설 관리·교육서비스·보건 사회복지·개인서비스 등이다. 낮은 매출액은 저임금을 가져올 수밖에 없다. 월 임금 200만 원 미만 종사자 비중이 50% 이상인 업종은 도소매·음식숙박·사업시설 관리·보건 사회복지·수리 개인서비스 등이다. 이러한 서비스업의 양상은 과당경쟁과 저부가가치·저생산성·저임금의 악순환구조에 빠져 있다. 우리나라의 취업자 중 자영업자 비율은 25%로 EU의 15%나 주요 선진국들과 비교하여 약 10%가량 높다. 하루 3,000개가 개업을 하고 2,000개가 문을 닫는다는 소위 '자영업 공화국'의 문제가 심각하다. 자영업의 저

구분	사업체 수 (천 개)	종사자 수 (천 명)	사업체당 매출액 (100만 원)	종사자 1인당 매출액 (100만 원)	월임금 200만 원 미만 비중(%)
합계	2,817	11,480	678	166	41.7
하수패기	8	85	2,160	201	
도소매	1,019	3,148	1,129	366	50.4
자동차부품	31	136	2,630	594	-
도매업	324	1,277	2,180	554	-
소매업	664	1,734	547	209	-
숙박음식점	729	2,166	181	61	74.3
숙박	54	177	243	74	-
음식주점	675	1,989	176	60	-
출판영상방송	37	475	2,686	212	-
부동산·임대	159	568	781	219	52.7
전문과학기술	93	639	880	129	18
사업시설관리	52	1,094	1,190	57	62.3
교육서비스	158	546	195	56	40.2
보건사회복지	138	1,613	838	72	61.6
보건	72	904	1,299	104	-
사회복지	66	709	337	32	-
예술스포츠여가	110	399	425	118	58.8
수리개인서비스	311	746	146	61	56.9
수리	99	281	295	104	-
개인서비스	212	465	77	35	-

자료: 통계청, 〈2016년 기준 도소매업·서비스업 조사 잠정 결과〉
/ 〈2017년 하반기 지역별고용조사 취업자의 산업 및 직업별 특성〉

생산성 문제는 노동시장의 저임금 문제는 물론, 소득격차와 가계부채 문제에 이르기까지 우리 경제와 사회 전반에 광범위하고도 깊이 뿌리를 내리고 있다. 특히 1955년에서 1963년까지의 베이비붐 세대들이 50대 퇴직 후 자영업에 진출함에 따라 자영업의 과당경쟁과 저수익성 및 폐업 문제는 갈수록 더 심각해지고 있다.

특히 내수 경기의 침체가 장기화함에 따라 자영업의 사업 부진이 상가시장의 침체를 가져오고, 이에 따라 개인사업자 대출의 부실 위험을 증대시키는 등 경제 전반으로 확산될 위험이 높아지고 있다. 앞으로 금리 인상이 불가피한 만큼 자영업자들의 사업 부진에 금리 부담이 가중되어 자영업자들의 사업 환경은 더욱 악화될 가능성이 높다. 장기적으로는 경제 안정을 위협하는 요인으로 작용한다는 점에서 더욱 경계할 필요가 있다.

따라서 서비스업을 구조조정하지 않고서는 내수시장이 성장 동력으로 작동하는 것은 기대하기 어렵다. 카드 수수료 인하와 같이 자영업의 생존비용을 낮추어주는 것은 자영업자들의 불만을 위로하기 위한 미봉책일 뿐, 문제 해결책이 되지는 않는다. 해결하기 어려운 과제지만 정부는 더 이상 미룰 것이 아니라 대폭적인 규제 폐지 등 구조개혁방안을 찾아내고 국민들을 설득하는 데 적극적으로 나서야 한다. 국회 또한 정부와 책임을 함께해야 마땅하다.

기업 구조조정

소위 '좀비기업'의 존재는 자원배분의 효율성을 저해할 뿐만 아니라 산업의 새로운 성장 동력을 지원할 수 있는 금융 여력을 잠식한다는 점에서 이중으로 경제에 악영향을 미친다. 2017년 기준으로 영업이익으로 금융비용조차 충당하지 못하는 기업의 비중이 대기업의 21%, 중소기업의 44%에 달한다. 2016년 현재로 한계기업에 공여된 은행 여신규모는 119조 원이며, 특히 취약업종에 제공된 신용규모는 70조 원에 달한다. 2012년부터 수출이 감소하고 이에 따라 기업들의 매출이 떨어지고 수익성이 악화되어 한계기업이 증가했다. 그러나 경제에 미치는 충격을 완화하기 위해 정부가 금융지원을 확대했고 한계기업들의 퇴출이 지연되었다. 소위 '좀비기업'들의 증가는 금융기관의 신규자금 공급을 제약함으로써 기업들의 전반적인 투자 부진과 경쟁력 약화에 영향을 미친다. 그동안 해운산업과 조선업의 구조조정이 단행되었으며, 2017년 자동차 부품산업의 수출이 9.5% 감소하여 2018년 심각한 어려움에 직면해 있다.

경기가 침체되는 국면, 특히 고용 상황이 어려운 국면에서는 경제적·사회적 충격을 우려해 기업 구조조정을 추진하기 어렵다. 기업 도산을 막기 위해 추가 신용을 공급하여 부실기업을 연명시키는 것이 일반적이다. 그렇기 때문에 경기와 고용 상황이 좋을 때 구조조정을 단행하는 것이 필요하다. 하지만 경기가 좋을 때는 해당 기업들의 반발로 산업 구조조정을 추진하기 어렵다. 그러다가 때를 놓치고 경기가 침체되면, 고용 상항이 어려워져 정부도 더 이상 지원한 여력이 없어진다. 그러면 해당 기업들의 문제가 드러나면서 구조조정의 필요성이 대두되지만, 이미 사회적·정치적 부담 때문에 구조조정을 단행하기가 더욱 어려워진다. 이미 우리나라에서도 이

구분	전체			대기업		중소기업	
	이자보상 비율(배)	상위 10% 제외시(배)	1인 미만 기업 비중 (%)	이자보상 비율(배)	1인 미만 기업 비중 (%)	이자보상 비율(배)	1인 미만 기업 비중 (%)
2012	4.8	-	33.2	4.9	24.8	2.2	44.7
2013	5.1	-0.1	32.4	5.2	28.4	2.7	38.3
2014	5	-0.1	32.6	5.1	28.5	2.6	38.2
2015	5.4	-0.1	30.2	5.4	22.8	3.9	38.7
2016	6.8	1.1	30.9	7	20.1	3.8	41.6
2017	9.4	-	32.3	9.7	20.9	3.5	44.1

자료: 한국은행, 〈금융안정보고서〉, 2018

런 상황이 벌어진 바 있다. 해운업과 조선업 구조조정으로 실업자가 증가하는 상황에서 기업 구조조정을 단행하기는 어려운 일이다. 일본의 제조업이 20년이 넘는 장기침체를 겪었던 이유도 이와 같다. 그러나 경제적으로는 구조조정을 미룰수록 좀비기업들을 연명하기 위한 생존비용의 부담이 기하급수적으로 커질 뿐만 아니라 경기 침체가 확산될수록 경제 전체의 좀비기업에 대한 지원 부담이 더 확대되기 때문에 어렵더라도 좀비기업의 정리를 미뤄서는 안 된다. 향후 장기적인 금리상승이 예상되는 국면에서는 생존비용이 갈수록 높아질 것이기 때문에 조기에 좀비기업을 정리하는 것이 필요하다.

26

경제생태계를 개혁하라

대표적으로 출산율을 높이는 데 성공한 나라는 프랑스다. 프랑스 정부가 어떤 출산정책을 써서 성공했는지 인구학자들에게 물으면 답이 없다고 한다. 왜냐하면 프랑스에는 출산촉진정책이라는 것 자체가 없기 때문이다. '선진국 중 가장 행복한 나라'로 꼽히는 덴마크에 가서 국민을 행복하게 하는 정책이 무엇인가 물으면 역시 답이 없다. 그런 정책이 없기 때문이다. 벤처기업이 경제 발전을 이끄는 엔진 역할을 하는 미국에 가서 벤처기업 육성정책을 물으면, 답이 없다. 그런 정책이 없기 때문이다. '히든 챔피언'이 많은 중소기업 강국 독일에 가서 중소기업 육성정책을 물으면, 역시 답이 없다. 마찬가지로 그런 정책이 없기 때문이다.

이들 나라들의 공통점은 정부의 육성정책이 아니라 역사와 문화의 토양 위에서 자연적으로 조성된 생태계의 작용으로 사회와 경제가 움직이고, 개인의 삶이 영위되기 때문이다 우리나라만큼 중소기업 육성정책이 많고, 벤처기업 육성에 직접 나서는 나라는 없다. 그리고 출산정책에 우리처럼 막대한 예산을 쓰는 나라도 없다. 그런데 왜 출산정책은 실패하고, 정권이 들어설 때마다 벤처기업 육성을 약속하지만 나아지는 것이 없는가? 압축형 정책으로는 더 이상 중소기업이나 벤처기업을 키울 수도, 출산을 촉진할 수도 없기 때문이다. 새로운 정부가 들어설 때마다 단골 메뉴로 중소기업 지원과 벤처기업 육성, 출산대책 등이 발표되지만 성과는 대부분 내세울 만한 것이 없다.

그렇다면 해답은 무엇인가? 다른 문화와 비교해 스스로를 탓하고 이대로 방치할 수는 없다. 어떻게 하는 것이 타당하고 적합한 대책인가? 이제라도 제대로 된 대책을 일관되게 오랫동안 꾸준히 추진하여 국민들과 기업들이 '아, 세상이 나아지고 있구나!'를 느끼고 신뢰하여 자발적으로 움직이도록 촉진하는 경제생태계를 조성하는 것이 답이다.

압축성장시대의 종료

한국경제는 이미 선진국들의 성공 사례를 추격함으로써 문제를 해결할 수 있는 단계를 지났을 뿐만 아니라 지난 개발시대의 압축성장의 후유증을 겪고 있다. 뒤늦은 산업화에도 불구하고, 선진국들을 추격하기 위한 메커니즘이 작용하는 압축성장의 시대는 끝났다. 더 이상 추격체제도, 압축성장의 메커니즘도 작용하지 않는다. 그럼에도 불구하고 우리나라 경제와 사회 곳곳에는 추격 체제의 틀과 압축성장의 문화가 그대로 남아서 작용하고 있다는 점에 주목해야한다. 압축성장의 후유증은 산업화의 짧은 역사에도 불구하고 경제의 역동성이 빠른 속도로 낮아져 사람의 몸으로 말하자면 급속하게늙어가는 경제 조로증을 앓고 있는 것이다.

압축성장의 시대는 끝났다. 문제는 압축성장 시대의 경제생태계가 그대로 상존하여 경제운영의 효율성을 심각하게 떨어뜨리고 있다는 점이다. 산업과 기업이 압축성장을 할 수 있었던 것은 선진국의 산업·기술·사업모델을 본떠 집중적인 투자와 빠른 운영으로 추격했기 때문이다. 여기서 핵심은 '추격권'을 따는 것이며, '추격권'은정부가 개발계획과 산업정책을 중심으로 배분한다. 추격 목표의 설정과 추격 전략의 상부구조는 개발계획과 산업정책이며, '추격권'의이익을 보장하여 추격의 유인incentive을 제공하는 하부구조 역할을하는 것은 각종의 규제들이다. 관료 집단이 개발계획과 산업정책을설계하고 운영하면서 '추격권'의 배급을 통해 산업과 기업들을 통제해왔다. 각종 산업별 협회 등 소위 각 부처의 '산하기관'들은 '추격권'의 배급과 관리, 운영을 담당해왔다. 이들은 '그들만의 패거리'를만들어 정부 예산과 정보, 인사권을 장악하고 폐쇄적으로 운영해경쟁을 차단해왔다. 이러한 작용의 결과는 국민의 세금으로 조달된막대한 재정을 낭비하는 고비용의 비효율성이며, 기득권의 유지를위한 시스템의 경직성은 혁신을 저해하고 낙후된 기술이나 서비스의 공급에 안주하는 결과를 가져왔다.

정권이 바뀌어도 '따뜻한 밥'을 배급받는 사람만 바뀔 뿐, 배급구조와 작용은 변하지 않는다. 어느 정권이나 '따뜻한 밥'에는 자리

<표 6-9> **경제생태계의 작용구조**

현재 생태계	작용	결과	개선정책 효과
기득권 - 규제	비효율성	고비용	나눠먹기 왜곡
폐쇄성 - 예산·인력·정보	불공정	양극화 불만	달래기
경직성	혁신 저해	기술낙후	낭비

자료: NEAR재단, 〈한국의 경제생태계〉, 2017

가 필요하고, 그 '따뜻한 밥'을 보장하기 위해서는 시스템을 그대로 유지해야 한다. 그렇게 해야 누가 그 자리에 앉든 간에 그 자리 자체는 불변의 기득권으로 이미 설정되어 있는 메커니즘에 따라 '따뜻한 밥'이 공급될 수 있기 때문이다. 이러한 문제는 산업이나 기업뿐만 아니라 교육과 과학, 복지 등 거의 전 영역에 걸쳐 이와 같은 메커니즘이 작용하고 있는 실정이다.[9]

축적의 시간이 필요하다

서울대학교 공과대학에서 2015년에 발간한 《축적의 시간》은 우리나라 과학과 제조업이 직면한 문제의 본질이 선진국 산업과 기술에 대한 추격에 있다고 보았다. 산업계의 기술 부족을 해결해왔던 추격 방식에 안주함으로써 스스로 연구와 개발을 통해 문제를 해결하는 데 필수적인 '축적의 시간'을 허용하지 않는 경제생태계가 이러한 문제의 원인임을 지적하여 큰 공감을 얻었다. 그러나 축적의 시간을 허용하지 않는 사회가 바뀌지 않는 한 과학계도 바뀌기 어렵다는 결론은 경제생태계에 시사하는 바가 크다.

> "현재 우리 산업의 수익성이 점차 떨어지고 있는 이유는 표준화된 기술영역에서 중국 등 개도국이 빠르게 추격해오면서 수익이 더 약화되고 있지만, 새로 개척해가야 할 고부가가치 개념설계 영역에서는 선진기업과의 격차를 좀체 좁히고 있지 못한 결과이다."(p44)

> "잠정적인 우리의 해답은, 산업 차원의 축적 노력으로는 선진국과 중국의 축적된 경험을 이길 수 없기 때문에, 산업이 아니라 우리 사회 전체의 틀을 바꾸어 국가적으로 축적해가는 체제를 갖추어 나가야 한다는 것이다."(p49)

> "축적의 시간을 벌기 위한 우리의 고유한 전략적 노력은 산업계의 변화와 노력을 넘어, 대한민국 사회 전반의 변화를 요구하고 있다."(p56)

경제생태계의 혁신이 희망이다

그렇다면 경제의 역동성을 회복하기 위해 어떻게 경제생태계를 개선해야 하는가? 혁신주도형 경제로 잘 알려져 있는 미국에게서 참고할 만한 교훈을 찾아보자. 우선 왜 미국경제는 높은 혁신역량을 가지고 있음에도 불구하고, 제조업이 장기적으로 위축되고 성장동력이 약화되고 있는가? 이 의문에 대하여 MIT 연구팀PIE, Production in the Innovation Economy이 오랫동안 관찰한 결과, 개별 기업의 혁신이 생산을 통해 시장에 상품으로 나타나기 위해서는 개별 기업들이 필요하지만 충당하기 어려운 기술·자금·설비·경쟁적 R&D·지식 등을 지원받을 수 있는 '개방형 사회기반시설Infrastructure의 조성', 즉 기업들이 접근하기 쉽고 필요한 자원을 얻을 수 있는 '개방적인 산업생태계의 조성'을 해답으로 제시했다.[10]

MIT PIE연구팀의 결론에 의하면, 문재인 정부의 혁신성장은 '산업생태계 조성industrial ecosystem'에 성공 여부가 달려 있다는 것이다.

그렇다면 우리나라 혁신 성장의 산업생태계는 어떤가? 최근 정부의 혁신성장 정책으로 벤처업계에는 정부 자금이 넘쳐나고 있다고 한다. 중소기업과 벤처기업 지원 실적을 경쟁하는 정부 부처, 정부·학계·기업 내부의 패쇄적인 R&D 문화 등 기술생태계가 변화하지 않은 상태에서 정부 지원의 급증은 이미 업계가 우려하는 바[11]와 같이 '좀비 스타트업'을 양산할 수 있다. 게다가 경제의 역동성을 제고하고자 하는 혁신성장 정책이 의도하는 효과를 거두기는 어려워 보인다. 제조업 생산의 절대적 비중을 차지하는 기존 대기업들과 그 협력업체들은 이 혁신성장의 생태계에서 배제되어 있을 뿐만 아니라 '공정경제'의 실현을 과정에서 압박을 받고 있다. 이런 산업생태계에서 과연 혁신성장 정책이 성장의 역동성을 제고할 수 있을지 우려하지 않을 수 없다.

최대 과제는 정책의 목표와 우선순위

현 정부는 대기업 중심의 왜곡된 경제구조를 바로 잡는 것을 최우선 목표로 삼고 있다. 대기업의 중소기업에 대한 불공정거래와 기술 수탈 등에 정부가 엄격하게 시장규율을 적용하는 것은 당연한 일이다. 그러나 대기업 규제가 전반적으로 기업생태계를 악화시키는 방향으로 작용하면, 국제적으로 열등하고 척박한 기업생태계에서 세계 수준의 경쟁력을 갖춘 기업의 등장은 기대할 수 없게 된다 (〈표 6-10〉 참조).

특히 규모에 따라 차별적인 정책이 만연해 있는 규제 환경에서는 역동적인 기업생태계가 조성되기 어려워서, 세기적 경쟁에서 이길 수 없는 것은 분명하다. 왜냐하면 미국과 중국 같은 거대한 시장을 놓고 경쟁하는 세계적 디지털 대기업들이 R&D·조세·금융·시장 접근 등의 국가의 지원을 받으면서 투자 위험을 줄이고 경쟁하는 마당에, 국내에서 대기업(세계적인 기준에서는 중소기업)이라는 이유로 지원

〈표 6-10〉 **한국과 중국의 기업생태계 비교**

구분	한국	중국
입법-정책 프로세스	정부-국회 대립	정부주도(중국제조 2025)
정부-기업 간	정부, 기업의 적폐 청산, 압박 관계	정부: 위험분담 先방임-後규제
대기업-중소기업	공정경제의 틀, 불편한 관계	BAT: 스타트업 투자의 40%
관계의 성격	과거지향적 갈등관계	미래지향적 협력관계
기업가 정신	'멘 붕' 상태	세계로, 미래로

에서 소외된다면 당연히 세계시장에서 경쟁력을 확보하기 어려울 것이다. 최소한 디지털 전환 추진에 대해서만큼은 규모 차별적인 정책이 없어야 한다.

스스로 '미운 털'을 뽑아라

지금 우리나라에서 대기업들은 '미운 오리' 같다. 박근혜·최순실의 국정농단 사건으로 재벌 총수들은 피의자 내지 범법자가 되었고, 일부 재벌들은 '갑질'로 국민들의 분노를 불러 일으켰다. 그래서 재벌들을 향한 국민의 '미운' 눈길은 날로 엄해졌다. 재벌 승계의 탈세 문제, 공정거래법상의 부당행위, 노동법 위반 등등 '미운 오리'의 죄 상은 끝이 없어 보인다.[12] 한 신문의 칼럼은 "지금 삼성그룹은 한국에서 '공공의 적'인 양 집단 배싱을 당하고 있다"고 지적했다.[13] 한편 LG그룹·포스코·한진을 비롯하여 거의 대부분의 그룹들이 공정거래위원회로부터 자회사들에 대한 출자정리 압박을 받고 있다.

정부는 '재벌개혁'을 한다고 닦달하고, 여론은 날마다 '미운 오리'를 때리고 있다. 이제 대기업들도 스스로의 생존을 위해서 변화가 필요하다. 우선 개방경제의 확대로 인하여 글로벌 경쟁력 없이 내수시장 보호의 편익을 누리는 재벌은 더 이상 지속하기 어렵기 때문에 자신의 생존력을 확보하기 위해서도 그룹 내부거래나 일감 몰아주기 등 비경쟁적이고 효율성을 저해하는 거래관행은 근절할 필요가 있다. 정치·사회적인 환경변화로 인하여 그동안 투자와 고용이라는 국민경제의 목줄을 쥐고 있다는 특권을 이용하여 정부로

부터 암묵적으로 묵인되어 왔던 편법 승계를 비롯한 일체의 부당한 편익은 더 이상 용납될 수 없다. 한마디로 '미운 오리'가 살아남기 위해서 '미운 털'을 스스로 뽑아야 한다.

계열기업들은 왜 대규모 투자와 고용 계획을 발표했는가?

특히 '촛불의 대의'를 등에 업고 출현한 문재인 정부는 시대정신에 걸맞게 재벌들이 투자와 고용이라는 국민경제의 목줄을 쥐고 있어서 누려왔던 구시대의 특권들을 '재벌들의 적폐'로 엄정하게 다루고 있다. 그것은 '제대로 된 정부'가 마땅히 해야 할, 바르고 옳은 일이다.

그렇다고 그것으로 문제가 다 정리된 것은 아니다. 통계청의 경제총조사 2015년 자료에 따르면, 자산 5조 원 이상 대기업들의 매출액 합계는 1,233조 원으로 전체 기업의 매출 총액 5,311조 원의 23%에 해당한다. 여기에 협력업체를 비롯한 생산계열 기업들의 매출액을 포함하면, 실제 비중은 훨씬 더 클 것이다. 더구나 이 '미운 오리'들이 투자 측면에서 차지하는 집중도는 더 높을 것이며, 그중에서도 우리나라의 산업경쟁력에 미치는 핵심투자 비중은 절대적일 것이다. 2018년 3분기에 우리나라 계열기업들은 약속이나 한 듯이 대규모 투자계획과 고용 계획을 연이어 발표했다. 대략 2018년에서 2022년에 걸쳐 총 325조 원의 투자와 24만 5,000명을 신규 채용하겠다는 것이다〈표 6-11〉 참조). 2016년 우리나라 전체 설비투자가 135조 원이며, 이중 제조업 설비투자 총액이 63조 원이니까 8대그룹이 연 평균 90조 원의 투자를 하겠다는 것은 한국경제에 엄청난 충격이 아닐 수 없다. 특히 가장 '좋은 일자리'를 연 7만 개나 창출하겠다는 것은 가뭄에 단비와 같은 소식이 아닐 수 없다. 그러나 정부는 일체 언급이 없다. 정부의 경제 살리기 노력과 어떤 관계가 있는지도 알 수 없다. 그러나 계열 기업들의 연이은 투자와 고용계획 발표는 정부에 대한 화해의 신호임에 틀림없다. 과연 정부는 어떻게 답할까? '미운 오리'들에 대한 정부의 방침이 전혀 변하지 않아도, 과연 이 대규모의 투자를 이행할 것인가?

정부·대기업의 관계 정리가 절실하다

계열 기업 집단들이 대규모 투자와 고용 계획을 발표했다고 해서 하루아침에 '미운 오리'를 '황금오리'로 대접할 수는 없다. 이것은 분명 '촛불정신'에 어긋나는 것이다. 그렇다고 경제 살리기의 중추를 이대로 계속 '적폐'로 낙인을 찍어, 정부가 외면하는 것 또한 타당하지 않다.

분명한 것은 과거 정리와 미래지향적인 새로운 관계정립이 필요하다. 관계정립도 별도의 관계정립이 아니라 기업 전반에 대한 경제생태계 혁신을 통해 새로운 생태계에 계열기업 집단들이 적응하도록 하는 것이 최선의 대안이다. 과거와 같이 감세를 통해 정부가 기업의 위험을 분담해주는 것은 바람직하지 않다. 핵심은 과거 정리다. 과거 정리를 통해 '미운 오리'가 법과 국민경제 질서를 준수하는 '정상 오리'로 거듭나는 것은 물론, 나아가 국민경제의 역동성을

〈표 6-11〉 **계열기업들의 투자와 고용계획**

구분	투자(연 90조 원)	고용(7만 명)
삼성	2018~2020: 180조 원 (국내 130조 원, 연 43조 원) - 반도체 설비 국산화율: 20%	4만 명(연 1만 4,000명)
현대자동차	2018~2020: 23조 원(연 4.6조 원)	4만 5,000명(연 9,000명)
KT	2019~2023: 23조 원(연 4.6조 원)	3만 6,000명(연 7,200명)
SK	2018~2020: 80조 원(연 26.7조 원)	2만 8,000명(연 9,300명)
LG	2018: 18조 원	1만 명
GS	2018~2022: 20조 원(연 4조 원)	2만 1,000명(연 4,200명)
한화	2018~2022: 22조 원(연 4.4조 원)	3만 1,000명(연 7,000명)
신세계	2018~2020: 9조 원(연 3조 원)	3만 명(연 1만 명)

이끌어가는 '황금오리'로 발전할 수 있도록 하는 국면 전환이 필요하다. '미운 오리'를 위해서가 아니라 국민경제의 공익을 위해 필요하다는 것이다.

정부는 재벌개혁의 범위와 일정을 확정하여 불확실성을 제거함으로써 '미운 오리'들의 생태계를 개선해주고, '미운 오리'들은 스스로 '미운 털'을 제거함으로써 정부와 기업 간에 건전하고 발전적인, 새로운 관계를 구축하는 계기를 만드는 것이 바람직하다. '황금알'을 얻기 위한 필요조건은 오리에게 '황금알'을 낳을 수 있는 생태계를 조성해주는 것이다. 중국 정부의 산업지원 정책이나 미국 트럼프 정부의 법인세 감세와 기업보호까지는 넘볼 수도 없다고 하더라도 최소한 기업 활동의 불확실성만이라도 제거해주어 기업이 스스로 경쟁력을 확보에 나서게 해야 한다. 그래서 지속적인 성장을 도모할 수 있도록 하는 생태게 조성이 기업 차원이 아니라 국민경제 차원에서 시급하다.

27

총체적 위기 대응
전략이 필요하다

2019년 한국경제를 전망함에 있어 핵심이 무엇이냐고 묻는다면, 필자는 '위험 관리'라고 단언하고 싶다. 위험은 제대로 관리하면 문제가 없지만, 잘못 관리하면 '위기'가 되기 때문에 위험이 중요하다. 왜 2019년 한국 경제가 '위험'하다고 하는가? 그 이유는 2019년 한국경제는 내수와 수출, 실물과 금융 전반에 걸쳐 심각한 위험요인을 안고 있다고 보기 때문이다.

성장률 2%도 어려울 수 있다

2018년 GDP성장률은 정부와 한국은행이 당초 예상했던 3.0%와는 상당한 거리가 있는 2.6%로 끝날 가능성이 높다. 한편 2019년 성장률에 대하여 한국은행은 2.7%, 한국개발연구원은 2.6%를 전망했다. 2019년 성장률이 2.6%든 2.7%든 무엇이 문제이고, 무엇

⟨표 6-12⟩ **2019년 GDP 성장률 전망**

구분	2017	2018	2019(전망)		요인	전망
			한국은행	KDI		
GDP	3.1	2.7	2.7	2.6	-	2.0(?)
민간소비	2.6	2.7	2.4	2.4	주택가격, 주가 하락으로 인한 소비심리 위축	마이너스
설비투자	14.6	-0.3	2.5	1.3	수출 감소, 투자심리 위축	마이너스
건설투자	7.6	-2.3	-2.5	-3.4	주택건설 침체	마이너스
상품수출	3.8	3.5	3.2	3.5	중국수출 위축, 세계경제 침체 국면 전환	마이너스
상품수입	7.4	2.1	2.7	2.2	-	-

자료: 한국개발연구원, 〈KDI 경제전망, 2018 하반기〉, 2018
/ 한국은행, 〈경제전망보고서 2018〉, 2018

이 위험하다는 것인가? 필자는 2019년 성장률이 2%만 지켜도 선방이라고 본다. 우선 국내적 위험 요인으로는 한국은행과 한국개발연구원 모두가 자산시장의 침체 위험과 이에 따른 소비 위축의 가능성을 외면하고 있으나, 주가 하락에 주택 가격 하락이 더해져서 전반적인 부의 감소로 이어질 것으로 보인다. 그리고 이로 인해 뚜렷한 소비 위축이 나타날 것으로 예상된다. 한편 중국의 수입 감소와 세계경제의 조기 침체로 수출 부진이 예상되며, 그 여파로 기업의 투자도 침체될 것이다.

특히 2019년은 국내 경제보다도 국제 경제의 위험이 높고도 심각할 것으로 보인다. 국제 경제에 세 가지 위험이 있다. 첫째는 중국경제의 성장 둔화로 인해 우리나라 수출이 크게 위축될 가능성이 높다. IMF와 국제투자기관IB, International Baccalaureate들은 모두 중국의 GDP 성장률을 2018년 6.6%에서 2019년 6.2%로 예상하고 있다. 그러나 미국과 중국 간의 무역마찰이 악화될 경우, 이미 하강 조짐을 뚜렷하게 보이고 있는 중국경제가 2019년 6% 성장률도 지키기 어려워 보인다. 더구나 미·중 무역마찰의 불똥이 우리나라에 옮겨붙을 경우, 제2의 사드사태와 같은 한·중 무역 마찰이 발생할 가능성도 배제할 수 없다. 둘째, 이미 중국은 물론 유럽과 일본의 경제가 하강국면으로 전환하고 이어서 가장 견고한 상승세를 보이고 있는 미국경제마저도 하강국면으로 접어들 가능성이 높아지고 있다. 셋째, 미국 연준의 금리인상 기조는 10년간 이어진 장기상승 국면으로 인해 불안감이 커지고 있는 주식시장을 위협하고 있으며, 이에 따라 위험자산을 팔고 고금리의 안전자산으로 국제금융자본이 이동하는 글로벌 자산이동이 발생할 가능성이 높아지고 있다. 글로벌 자산이동은 단순한 자금이동이 아니다. 외환보유액이 부족한 나라에 금융위기를 야기할 수 있는 매우 위험한 과정이다. 특히 최근 이탈리아의 재정 위험성이 심각하게 높아져 있는데, 이것이 2011년 유럽 재정위기와 같은 위기의 도화선이 될 가능성이 있다.

긴 겨울의 시작

한마디로 국제경제 여건은 2012년의 데자뷔가 될 가능성이 크다는 점을 주목할 필요가 있다. 2011년 9월 유럽 재정위기가 발생하고

<표 6-13> 2011~2017년 세계경제와 한국경제 동향 (단위: %)

구분	2011	2012	2013	2014	2015	2016	2017
세계 성장률	4.2	3.5	3.3	3.4	3.1	3.2	3.7
세계수출	19.4	0.3	2.5	0.1	-12.9	-3.0	10.6
중국 성장률	9.5	7.9	7.8	7.3	6.9	6.8	6.9
중국 수출	20.3	7.9	7.8	6	-2.9	-7.7	7.9
우리나라 대중국수출	14.8	0.1	8.6	-0.4	-5.6	-9.3	14.2
수출증가율	19	-1.3	2.1	2.3	-8.0	-5.9	15.8
GDP성장률	3.7	2.3	2.9	3.3	2.6	2.7	3.1

자료: 한국은행, IMF, WTO

그 여파로 2012년 세계경제가 큰 폭으로 침체됨으로써 세계 무역성 장률이 2011년 19%에서 2012년 0.3%로 크게 감소했다. 이에 따라 중국의 수출증가율이 20.3%에서 7.9%로 낮아졌으며, 우리나라의 대중국 수출증가율도 14.8%에서 0.1%로 급감했다. 그 결과 우리나라 성장률은 2011년 3.7%에서 2012년 2.3%로 낮아졌다. 따라서 2019년 세계경제의 움직임이 2012년과 비슷한 양상으로 간다면, 우리나라는 수출을 물론, 2% 성장률조차도 낙관할 수 없다.

이와 같은 실물경제의 위험에도 불구하고, 금융 측면에서는 미국의 금리인상 때문에 국내 금리인상이 불가피하다. 금리 역전현상의 압력을 완화하기 위해서 어쩔 수 없는 일이다. 앞서 지적한 바와 같이 미국 연준은 2019년에도 세 차례 금리 인상을 예고하고 있어 금리역전으로 인한 대외불균형 압력이 크게 높아질 수 있으며, 이 압력은 금융정책의 운용을 어렵게 할 것으로 보인다. 즉 2017년과 2018년, 대중국 수출과 반도체 호황에 의지해왔던 한국경제는 2019년 중국과 세계경제의 위축과 함께 국제 금융자금의 이동으로 인한 금융충격까지 직면함으로써 실물과 금융, 주식시장과 부동산, 국내와 해외에 걸쳐 그야말로 '퍼펙트스톰perfect storm'에 노출될 위험이 있다. 이 위험에 대응하기 위해 정부와 기업들은 '위기대응 플랜B'의 준비가 절실하게 요구된다.

더욱 주목해야 할 사실은 2012년과 달리 2019년 한국경제는 장기간의 침체를 겪은 직후라 같은 힘이 빠진 위기 상황에서 '퍼펙트스톰'을 맞을 수 있다는 점이다. 2012년의 충격은 2016년까지 한국경제 전반을 위축시키고, 특히 제조업을 녹슬게 했다. 만약 2019년 필자의 우려가 현실이 된다면, 그 충격은 2012년부터 이어진 5년간의 고통보다 훨씬 더 깊고 오래가는 상처를 한국경제에 남길 수도 있다. 따라서 한국경제의 장기적 명운을 결정할 수도 있는 이 세기적 전환기에 제대로 대응하지 못하면 큰 상처를 입고 돌이키기 어려운 고난의 시대로 들어갈 수도 있음을 직시해야 한다. 그렇기 때문에 소득주도성장 정책을 뛰어넘는 총제적인 위기대응 전략이 반드시 준비되어야 한다. 2019년을 잠시 기다려 넘길 수 있는 소나기가 아니라, 피할 수 없는 긴 겨울의 시작이라는 점을 주목할 필요가 있다.

기성세대가 책임을 다해야

《주역周易》은 세상만사의 변해가는 모습을 64개의 괘로 풀어낸 이야기다. 이 이야기의 끝 무렵인 63번째 괘의 이름은 '기제旣濟'로 '이미 건넜다'는 의미다. 이미 건넜음에도 불구하고 이야기는 아직 끝나지 않았다. 왜냐하면 64번째 '미제未濟'라는 괘가 남아 있기 때문이다. '미제'의 의미는 '아직 건너지 못했다'는 것이다. 이 무슨 반전인가? 63번째 괘와 64번째 괘를 연결하면, '이미 건넜지만, 아직 건너지 못하고 남은 부분이 있다'가 된다. 따라서 이야기(변화)는 그것이 무엇이든 계속된다는 뜻을 담고 있다.

왜 갑자기 엉뚱하게 주역 이야기를 하는가? 기성세대의 상태를 이미 '성장의 강'을 건넜다는 점에서 '기제'라고 한다면, 청년세대의 상태는 아직 '성장의 강'을 미처 건너지 못한 '미제'라고 할 수 있다. 우리의 과제는 한국경제의 이야기를 성공적으로 마무리하는 것이다. 어떻게 이 이야기를 희망적으로 마무리할 수 있을까?

공자公子는 아버지는 아버지답게 하고, 아들은 아들답게 하면 된다고 했다. 이 대전환의 시대에 어떻게 하는 것이 아버지는 아버지답고, 아들은 아들다운 것인가? 아마도 아버지(기성세대)는 자신이 이미 강을 건넜다고 안주할 것이 아니라 아직 강을 건너지 못한 아들(다음 세대)이 강을 무사히 건널 수 있도록 도와야 하고, 아들은 젊은이답게 용기를 다해 자신이 직면한 난관에 몸을 던져야 한다. 물론 기성세대에게는 아직 '고령화의 강'이 남아 있다. 아버지가 자신의 강을 건너느라 뒤에 남은 아들이 강을 건너는지 돌보지 않는다면, 결국 아버지도 아들도 이야기를 좋게 마무리하기 어려울 것이다.

책임을 망각한 민족에게 미래는 없다. 기성세대는 이미 앞으로 대비해 넉넉하게 저축을 해두었으니 앞으로 걱정할 필요가 없다고 생각한다면 큰 착각이다. 왜냐하면 기성세대가 아무리 저축을 많이 했다 해도 노후의 생존을 위해서는 그 금융자산으로 다음 세대의 생산물과 교환해야 하기 때문이다. 다음 세대가 제대로 생산활동을 하지 않으면, 기성세대의 미래도 안녕할 수 없다. 만약 경제성장이 예상보다 침체되어 국민연금의 수익률이 저조하다면, 고령층(60~79세 인구)의 65%가 노후를 의지하고 있는 국민연금의 장래를 안심할 수 없다. 기제가 기제의 역할을 하지 않으면, 미제는 그야말로 다하지 못한 시대의 과제를 제대로 풀지 못하고 어려움에 빠질 수밖에 없다. 기성세대가 다음 세대의 문제를 해결하기 위해 발 벗고 나서야 하는 이유는 바로 여기에 있다.

대전환기는 전환 자체도 커다란 문제이지만 엄청난 불확실성을 내포하고 있다. 글로벌리즘을 대신하는 미국의 국익 우선주의가 가져올 결과에 대하여 우려할 뿐이다. '팍스 아메리카나' 시대를 대신할 신 냉전체제가 가져올 위협도 예측하기 어렵다. 온 세상이 디지털 기술로 바뀔 것은 분명하지만, 그것이 어떤 세상을 만들지는 아무도 모른다. 우리는 스마트폰이 처음 나왔을 때, 좀 다른 휴대전화로 인식했을 뿐, 이것이 전화기를 넘어서 카메라와 인터넷은 물론 지불수단이자 신분증의 역할까지 대신하여 한시도 떼어놓을 수 없는 우리의 분신이 되고, 또 세상과 연결하는 통로가 될 줄은 몰랐다. '페이스북'이나 '트위터'와 같은 SNS는 신문이나 방송과 같은 전통적인 미디어를 밀어내고 있으며, 개인이 양방향으로 세상과 소통할 수 기회와 속도, 수단을 근본적으로 바꾸어 놓았다. 디지털 전환이 가져올 우리 생활과 시대의 변화는 예상하기 어렵다.

사회적으로는 출산율이 정부의 전망치보다도 훨씬 크게 떨어지고, 결혼율조차도 낮아져 고령화 속도는 당초 전망보다 훨씬 빠르게 진행될 것으로 보인다. 고령화뿐만 아니라 독거 인구의 비중이 28.6%(2017년 기준)로 높아지고 '비혼' 경향이 빠르게 확산되는 등 사회의 틀 자체가 전혀 새로운 방향으로 나아가고 있다. 이러한 대전환기의 변화는 '쓰나미'처럼 바로 지금 우리 시대를 덮쳐오고 있다. 이 대전환기에 대한민국은 저성장·고령화의 벽을 넘어서 다음 세대에게 지속적인 번영의 희망을 줄 수 있을까?

앞서 살펴보았던 독일과 영국의 지난 10년 경제개혁의 차이에 대한 이야기는 성장의 역동성을 잃고 신음하는 한국경제에 많은 교훈을 준다. 10년은 한 나라 경제를 '병자病者'에서 '패자覇者'로 충분히 일으켜 세울 수 있고, 우등생도 열등생으로 추락할 수 있는 충분한 시간이다. 우리는 실기失期하지 않도록 유의해야 한다. 그러기 위해서는 슈뢰더 총리처럼 정권의 차원을 넘어서 국가의 미래를 걸고 필요한 개혁조치를 단호하게 취할 수 있는 통찰력 있는 정치 지도자가 필요하다. 그리고 반대당의 정책임에도 불구하고 국가의 이익에 따라 그의 정책을 승계하여 일관되게 추진하여 개혁정책의 결실을 만든 메르켈 총리와 같은 포용력 있는 정치 지도력도 그에 못지 않게 중요하다.

한국경제는 지금 인구만 고령화되고 있는 것이 아니다. 경제구조가 급격히 늙어가고 있다. 그렇기 때문에 저성장의 함정을 극복하기 위한 구조개혁이 절실하고, 혁신주도 경제로의 전환을 통해 경제 체질을 강화하는 것이 필요하다. 그런데 문재인 정부가 구조개혁을 외면하고 소득주도성장과 혁신주도 경제의 쌍끌이 성장 정책에 대한 기대로 한국경제 회생의 결정적 시기를 놓치지나 않을까 우려된다.

만약 문재인 정부의 소득주도성장 정책이 실패한다면, 그 실패는 문재인 정부의 실패로만 끝나지 않는다. 세기적인 대전환기의 실패는 곧 우리 시대의 실패인 동시에 다음 세대에게 전해주어야 할 희망이 꺾이는 것이다. 그 때문에 다만 그 결과가 두려울 뿐이며, 그런 만큼 세기적 전환기의 제대로 된 대응 노력이 더욱 절실하다. 2020년 4월 15일 총선, 그리고 2022년 3월 9일 대통령 선거가 예정된 정치 일정이 시시각각 다가오는데, 한국경제의 지붕 고치기 작업은 시간에 쫓기고 있다. 과연 문재인 정부는 햇볕이 있을 때 지붕을 고칠 수 있을까? 햇볕은 오래 가지 않는다.

한국경제는 현재 '병자'는 아니라고 하더라도 성장의 역동성을 잃고 신음하고 있다는 점에서는 2003년 독일과 크게 다르지 않다. 독일의 사례는 10년 후 한국경제의 모습이 지금 우리의 선택에 달려 있음을 일깨워주고 있다. 그렇다면, 우리는 다음 10년 후 한국경제를 위해 무엇을 준비하고 있는가? 대한민국이 이 대전환기를 성공적으로 극복할 수 있는 희망이 있느냐는 우리의 선택에 달려 있다. 우리의 적절한 선택이 없다면, 어떤 조건도 희망을 주지 못할 것이다. 그러나 우리가 적절한 선택을 한다면, 어떤 조건에도 희망은 있다. 기성세대는 미래에 대한 책임을 기꺼이 짊어져야 하며, 젊은 세대는 담대하게 도전할 용기를 가져야 한다.

I. 대전환의 시대

1. IMF, "People's Republic of China, 2018 Article Ⅳ Consultation Staff Report", July 26, 2018.

2. Andrew McAfee·Erik Brynjolfsson, Machine, Platform, Crowd: Harnessing Our Digital Future, W.W. Norton & Company, 2017.

3. 미국의 자동차 보급 대수는 1900년 8,000대, 1910년 46만 8,000대, 1920년 900만 대, 1929년 230만 대로 급증했다(Robert J. Gordon, The Rise and Fall of American Growth』, p.131).

4. 디지털 기술을 이용한 기술혁신이 초래하고 있는 경제적·기술적 변화를 총체적으로 '디지털 전환'으로 지칭하는 것과 '제4차 산업혁명'로 지칭하는 것은 개념적으로 상당한 차이가 있다. '제4차 산업혁명'라는 개념은 2016년 다보스포럼에서 제기된 개념으로 개념상 '4차'와 '혁명'에 합당한 가하는 점에서 아직 일반적인 수용성에 문제가 있다. 즉 '4차 산업혁명'이 성립하자면, '3차 산업혁명'이 먼저 성립해야 하는데 1960년대 말부터 시작된 컴퓨터 사용을 3차 산업혁명으로 전제하는 개념이다. 그러나 1960년대 말부터의 컴퓨터 사용을 '3차 산업혁명'이라고 정의하는 것은 일반적인 수용성이 낮다. 또한 '산업혁명'은 개념적으로 기술혁신뿐만 아니라 경제·사회 등 광범위한 변화를 의미하기 '3차 산업혁명'은 물론 '4차 산업혁명'도 개념적으로 성립하기 어려운 문제가 있다. 그런 점에서 '디지털 전환'은 기술적인 변화에 한정하여 20세기의 기계산업 기술에 21세기의 디지털 기술을 적용하는 데 따른 변화를 의미한다.

5. IMF, 〈World Economic Outlook〉, 2018.

6. WSJ, "Economist Think the Next U.S. Recession Could Begin in 2020", May 10, 2018.
"The economic expansion that began in mid-2009 and already ranks as the second-longest in American history most likely will end in 2020 as the Federal Reserve raises interest rates to cool off an overheating economy, according to forecasters surveyed by The Wall Street Journal. Some 59% of private-sector economists surveyed in recent days said the expansion was most likely to end in 2020. An additional 22% selected 2021, and smaller

camps predicted the next recession would arrive next year, in 2022 or at some unspecified later date."

7. CBO, "The Budget and Economic Outlook: 2018 to 2028", April 2018.

8. 진베이, 《中國製造 2025》, 조재구 편저 (mcn, 2015).

9. Erich Strassner, "Highlights and Challenge of Measuring Digital Economy", BEA, 2017.

10. 중국 공업정보화부, 〈중국 디지털경제발전 백서 2017〉, 2018.

11. 장미셸 카트르푸앵, 《제국의 충돌》, 김수진 옮김 (미래의창, 2014).

12. 그레이엄 앨리슨, 《예정된 전쟁》, 정혜운 옮김, (세종서적, 2017).

13. Office of the United States Trade Representative, "2018 Trade Policy and 2017 Annual Report", 2018.

14. IMF, "People's Republic of China", *IMF Country Report*, 2018 Article Ⅳ Consultation, No.18/240, July 2018.

15. Office of the United States Trade Representative, 〈Findings of the Investigation into China's Acts, Policies related to Technology Transfer, Intellectual Property, and Innovation Under Section 301 of the Trade Act of 1974〉, March 22, 2018.

16. WSJ, "A Snag in Donald Trump's Pledge to make America Make Again: Asia", November 16, 2016.

Ⅱ. 장기 저성장시대가 온다

1. WSJ, "Economist Think U.S. Unemployment Is Headed to a 50-Year Low", July 12, 2018.

2. 일자리 예산 2017년 17조 736억 원, 일자리 추경 예산 11조 원, 2018년 19조 2,312억 원, 5월 청년일자리 추경 3조 8,000억 원, 총계 51조 원.

3. 기획재정부, 〈최근 경제동향〉 2018년 8월호, "최근 우리경제는 수출 중심의 회복세를 이어가고 있으나,"(1쪽).

4. "'믿고 기다려 달라' 20조 원대 일자리 예산 예고한 당정청… '밑 빠진 독에 물붓기' 비판 봇물", 〈조선일보〉, 2018. 8. 19.

5. WSJ, "Economists Think the Next U.S. Recession Could Begin in 2020", May 10, 2018.

6. WTO, "World Trade Statistical Review 2017", Chart3. 1. 참조.

7. Cristina Constantinescu·Aaditya Mattoo·Michele Ruta, "Slow Trade", Finance & Development, vol.51, no.4, IMF, December 2014.

8. Jouchi Nakajima·kosuke Takatomi·Tomoko Mori·Shinsuke Ohyama, "Slow Trade: Structural and Cyclical Factors in Global Trade Slowdown", Bank of Japan, 2016.
   교역침체의 원인: ① 세계 실질 GDP 성장의 감소. ② 중국의 수입대체산업 성장과 세계 공급체인의 감소로 인하여 무역의 장기소득 탄력성이 구조적으로 저하되었음. ③ 중국을 비롯한 개도국들의 과도한 투자의 반작용으로 인한 자본투자 감소. BOJ 보고서는 실증분석 결과, 교역침체의 원인으로 장기적 구조적인 요인인 ①과 ②가 70%를 설명하고 있으며, 단기 순환적인 ③이 30%를 설명해준다고 보고했음.

9. Center on Budget and Policy Priorities, "Summers: Lack of Demand Creates Lack of Supply", April 7, 2014.

10.

구분	가계대출	개인사업자대출	가계부채	명목GDP	(A+B)/C (%)
	A	B	(A+B)	C(조 원)	
2012년 말	1,270	173	1,079	1,377	78.4
2016년 말	906	261	1,531	1,637	93.5

11. IMF, "REPUBLIC OF KOREA, Selected Issues", IMF Country Report No.18/41, February 2018.

12. Ian Hathaway·Robert E. Litan "Declining business dynamism in the United States: a look at states and metros", The Brookings Institution, Economic Studies at Brookings, May 2014.

13. OECD, 〈Entrepreneurship at a Glance 2016〉, 2016.

III. 우리 시대의 '절망'

1. United Nations Department of Economics and Socila Affirs, "World Population Prospects: The 2015 Revision".

2. 우해봉, "미래 인구변동의 인구학적 요인 분해와 시사점", 〈보건·복지 ISSUE & FOCUS〉 제352호, (보건사회연구원, 2018).

3. 윤석명 등, 〈다양한 노인빈곤지표 산정에 관한 연구 Ⅰ〉(한국보건사회연구원, 2017). 2016년 한국복지패널조사에서 조사된 노인 상대빈곤율은 46.3%이나, 46.3% 중 약 55%에 해당하는 노인들(전체 노인의 약 25.5%)는 소득만 빈곤층일 뿐, 자산과 주거에 있어서는 빈곤층에 해당하지 않으며, 소득·자산·주거의 다차원에서 빈곤층은 46.3%의 45%(전체 노인의 약 20.8%)로 분석되었다(p.127).

4. 이철희, 〈한국의 고령빈곤: 장기적 조망〉, 《분배적 정의와 한국 사회의 통합》 (율곡출판사, 2018), 215쪽.

5. 통계청, "2018년 5월 경제활동인구 고령층부가조사", 2018. 7.

6. '마음날씨' 웹사이트(https://together.kakao.com/hello).

7. "20대 우울증 증가, 왜", 〈파이낸셜뉴스〉 2018. 2. 7.

8. 통계청, 〈2018년 5월 경제활동인구 청년층 부가조사〉, 2018.

9. "'부모님 뵐 낯이 없어서…' 취업 안 돼 가출하는 2030", 〈조선일보〉, 2018. 2. 6.

10. "집도 없는데… 결혼·출산 포기했어요", 〈매일경제〉, 2018. 8. 27.

11. 조남주, 《82년생 김지영》 (민음사, 2017).

12. "'결혼하면 자진 퇴사한다' 여직원 각서 쓰게 한 새마을금고", 〈국민일보〉, 2017. 12. 28.

13. 아라카와 가즈히사, 《초솔로사회》 (마일스톤, 2017). 8~9쪽.

14. 국민연금재정추계위원회, 〈제4차 국민연금 재정계산 장기재정전망 결과〉, 2018. 8.

15. 일본의 2인 이상 노동자 세대(농어업 가구 제외)의 근로소득세 부담은 평균 1995년 2만 2,000엔에서 2017년 1만 6,000엔으로 낮아졌다(일본 정부내각부. 〈경제통계연보 2018〉, 참조).

Ⅳ. 대한민국의 선택

1. J. Pen, "Income Policy in the Netherlands 1959-1963", *Scottish Journal of political Economy*, November 1964.

2. UNCTAD, "Incomes policies as tools to promote strong, sustainable and balanced growth", September 2011.

ILO "Wage-led growth: Concept, theories and policies", 2012.

3. Bart Hobijn·Alexander Nussbacher, "The Stimulative effect of Redistribution", FRBSF Economic Letter, 2015-21.

4. 국세청은 저소득 노동자와 출산 장려를 위한 근로장려금과 자녀장려금을 지급하고 있다. 근로장려금은 배우자가 있고 만 18세 미만의 부양자녀가 있는 만 40세 이상으로 재산합계액이 1억 4천만 원에 미달하고 총소득이 2500만 원(맞벌이)에 미달하는 노동자 가구에게 연간 최대 230만 원이 지급된다. 2018년 추석에 정부는 전국 260만 가구에 1조 6,844억 원을 지급했다. 자녀장려금은 총소득이 4000만 원 미만이면서 18세 미만의 부양자녀가 있는 경우 자녀 1인당 50만원이 지급된다. 최근 각 지방자치단체에서 개발한 '청년통장'도 소득정책에 해당한다. 경기도의 청년통장은 매달 10만 원 저축하면 3년 뒤 6백만 원을 지원하여 1000만 원으로 만들어주는 재산형성지원제도다. 서울특별시의 청년통장은 근로소득으로 저축하는 금액 1/2 또는 동일 금액을 서울시 및 시민 후원금 등으로 적립해 재산형성을 지원한다.

5. 안병권·김기호·육성환, "인구 고령화가 경제성장에 미는 영향", 〈경제분석〉 IV, (한국은행, 2017).

6. "일자리 붕괴에도... 청와대 "경제체질 바뀌며 수반되는 통증", 〈중앙일보〉, 2018. 9. 13.

7. 〈여성신문〉, 2018. 7. 8.

8. 2018년 5월 19일, 6월 9일, 7월 7일, 8월 4일(광화문) 등.

9. "그 분노는 누굴 향한 것인가, 혜화역 시위 참가자에게 물었다", 〈한겨례신문〉, 2018. 8. 9.

10. 마이크 비킹, 《휘게 라이프, 편안하게 함께 따뜻하게》 (위즈덤하우스, 2016).

11. 라르스 다니엘슨, 박현정, 《스웨덴은 어떻게 원하는 삶을 사는가》 (한빛비즈, 2018), 126쪽.

12. 김철수, 《네델란드에 묻다, 행복의 조건》 (스토리존, 2018).

Ⅴ. 일어설 것인가? 쇠퇴할 것인가?

1. By the 1910s, the United States had surpassed the United Kingdom as the world's largest economy. The reason was largely the strength of US manufacturing companies, which accounted for approximately 50% of the

country's GDP at the time(Andrew McAfee·Erik Brynjolfsson, *Machine, Platform, Crowd: Harnessing Our Digital Future*, W.W. Norton & Company. 2017, p.19).

2. "the rise of electricity is the most characteristic feature of the so-called second industrial revolution."(Erich Zimmermann, World resources and Industries Harper & Brothers, 1951, p.596).

3. "Perhaps the most source of the Great Leap Forward was the increased quality of machinery, as represented by the large increase in horse power and kilowatt-hour of electricity usage per dollar of equipment capital"(Robert J. Gordon, *The Rise and Fall of American Growth*, Princeton University Press, 2016. p.564).

4. Mancur L. Olson, The Rise and Decline of Nations, Yale University Press, 1982.

5. "선거 패배로 우리 당이 자신감을 잃고 있는 게 분명하게 느껴졌다. 이런 상황은 당내 우리 편이 내 개혁정책과 어젠다 2010을 언제까지 지지할 수 있을까 하는 우려를 낳았다. 나는 이 정책을 표결에 붙이고, 다시금 새로운 신뢰를 구축하고 싶었다. 이를 이룰 수 있는 유일한 방법은 조기총선을 실시하는 것뿐이었다." 게르하르트 슈뢰더, 《게르하르트 슈뢰더》, 김소연 외 옮김 (메디치미디어, 2017), 331쪽.

6. 〈이코노미스트〉지는 2002년 12월 7일 "불확실한 거인"이라는 독일 특집을 내고, 슈뢰더 총리가 급진적인 변화를 추진하지 않는다면, 독일인들의 생활은 수 년 내에 훨씬 어려워질 것이라고 경고한 바 있다. 그러나 2013년 3월 16일 자에서는 "독일의 노동시장, 놀라운 개혁"이라는 기사로 독일 경제를 칭찬했다. 반면, 영국 경제에 대해서는 2012년 12월 6일 자에서 "언제 햇빛이 들 것인가?"라는 기사로 우려를 나타냈다.

7. 다케나카 헤이조, 《구조개혁의 진실》(한국경제연구원, 2008).

VI. 희망 만들기

1. Robert Skidelsky, *John Maynard Keynes*, *The Economist As Savior*, 1920-1937, penguin books, 1995, p.574.

2. 국회 보건복지위원회 신상진 의원과 조선일보 취재팀의 조사("공무원 출산, 일반인의 2배", 〈조선일보〉 2018. 9. 11).

3. "문재인도 못 믿겠다. 시민들 거리로… 올 들어 집회·시위 58% 폭증", 〈이데일리〉 2018. 8. 8.

4. "대통령의 권력기관장 인사권 없애야", 〈한국경제신문〉, 2019. 12. 29.

5. 안병권·김기호·육성환, "인구 고령화가 경제성장에 미는 영향", 〈경제분석〉 Ⅳ, (한국은 행, 2017).

6. 최영기, 〈노동시장의 구조개혁 과제〉, 국가미래연구원 진보보수 합동세미나, 2016. 7. 16.

7. 청년위원회, 〈청년 근로빈곤 사례 연구〉 (한국보건사회연구원, 2016); 〈조선일보〉 2017. 4. 10.

8. 현대자동차의 1차 부품 협력업체의 평균임금은 현대자동차 노동자 평균임금의 61%, 2차 부품 협력업체는 현대자동차 노동자 평균임금의 24%로 보도되었다(〈조선일보〉 2015. 3. 21).

9. NEAR재단, 《한국의 경제생태계》 (21세기북스, 2017), 535~579쪽.

10. Suzanne Berger, *Making in America 2013*, MIT Press, 2015. p.200.

11. "잘못된 정부 지원이 좀비 스타트업 키운다", 〈바이라인네트워크〉 2018. 6. 22.

12. 대표적으로 삼성그룹은 특검이 기소한 경영권 승계와 관련된 뇌물제공 혐의 재판을 비롯 하여 반도체 생산공정의 산업재해 문제, 노조파괴 공작혐의, 삼성바이오 분식회계 혐의, 삼성생명의 삼성전자 보유주식 문제 등 10여 건의 재판과 조사 등 정부와 불편한 현안들 이 진행이다.

13. 김동호, '삼성은 견딜 수 있을까', 〈중앙일보〉 2018. 5. 11.

참고문헌

게르하르트 슈뢰더, 《게르하르트 슈뢰더 자서전》, 박소연 외 옮김, (메디치미디어, 2017).

국민연금재정추계위원회, "제4차 국민연금 재정계산 장기재정전망 결과" (2018)

그레이엄 앨리슨, 《예정된 전쟁》, 정혜운 옮김 (세종서적, 2017).

기획재정부, "최근 경제동향" 2018년 8월호.

김철수, 《네덜란드에 묻다, 행복의 조건》 (스토리존, 2018).

나케나카 헤이조, 《구조개혁의 진실》 (한국경제연구원, 2008).

라르스 다니엘슨, 《스웨덴은 어떻게 원하는 삶을 사는가》, 박현정 옮김 (한빛비즈, 2018).

마이크 비킹, 《휘게 라이프, 편안하게 함께 따뜻하게》, 정여진 옮김 (위즈덤하우스, 2016).

보건사회연구원, 〈2017년 빈곤통계연보〉 (2017. 12).

산업은행경제연구소, "수출입 구조로 본 중국 제조업의 국제분업상 변화", 〈Weekly KDB Report〉 (산업은행, 2018).

서울대학교 공과대학·이정동, 《축적의 시간》 (지식노마드, 2015).

아라카와 가즈히사, 《초솔로사회》, 조승미 옮김 (마일스톤, 2017).

안병권·김기호·육성환, 인구 고령화가 경제성장에 미는 영향, 〈경제분석Ⅳ〉 (한국은행, 2017).

우해봉, "미래 인구변동의 인구학적 요인 분해와 시사점", 〈보건·복지 ISSUE & FOCUS〉 제352호 (보건사회연구원, 2018).

윤석명 등, 《다양한 노인빈곤지표 산정에 관한 연구Ⅰ》 (보건사회연구원, 2017).

이상호, 〈한국의 지방소멸 2018〉 (한국고용정보원, 2018).

이정익·조동애, "우리 경제의 역동성 점검", 〈조사월보〉 9월호 (2017, 한국은행).

이철희, "한국의 고령빈곤: 장기적 조망", 《분배적 정의와 한국 사회의 통합》 (율곡출판사, 2018).

일본국립사회보장·인구문제연구소, 《일본의 장래추계인구日本の將來推計人口》, 2017. 7.

일본정부내각부. 《경제통계연보 2018》 (일본정부, 2018).

장미셸 카트르푸앵, 《제국의 충돌》, 김수진 옮김 (미래의창, 2014).

제프 하우·조이 이토, 《나인》, 이지연 옮김 (민음사, 2017).

조남주, 《82년생 김지영》 (민음사, 2017).

중국 공업정보화부, 《중국 디지털경제발전 백서 2017》 (2018)

진베이, 《中國製造 2025》, 조재구 편저 (MCN미디어, 2015).

청년위원회, 《청년 근로빈곤 사례 연구》 (한국보건사회연구원, 2016).

최영기, "노동시장의 구조개혁 과제", 국가미래연구원 세미나.

통계청, 〈2017년 8월 근로형태별 부가조사 결과〉 (대한민국정부, 2018).

통계청, 〈2018년 5월 경제활동인구 고령층 부가조사〉 (대한민국정부, 2018).

통계청, 〈2018년 5월 경제활동인구 청년층 부가조사〉 (대한민국정부, 2018).

통계청, 〈광업·제조업 조사〉 (대한민국정부, 2012~2016).

통계청, 〈기업생멸 행정통계〉 (대한민국정부, 2012~2016).

통계청, 〈제조업 국내공급 동향〉 (대한민국정부, 2018).

통계청, 〈한국 사회조사 결과〉 (대한민국정부, 2010, 2012, 2014, 2016, 2018 각호).

한국은행, "글로벌 사회복지지출의 특징과 시사점", 〈국제경제리뷰〉, (한국은행, 2017).

한국은행, "우리 경제의 잠재성장률 추정", 〈조사월보〉, 8월호 (한국은행, 2017).

한국은행, 〈금융안정보고서〉 (한국은행, 2018).

NEAR재단, 《한국의 경제생태계》 (21세기북스, 2017).

"대통령의 군력기관장 인사권 없애야", 〈한국경제신문〉 2019. 12. 29.

"문재인도 못 믿겠다. 시만들 거리로… 올들어 집회·시위 58% 폭증", 〈이데일리〉 2018. 8. 8.

"삼성은 견딜 수 있을까", 〈중앙일보〉, 2018. 5. 11.

"일자리 붕괴에도… 청와대 '경제체질 바뀌며 수반되는 통증'", 〈중앙일보〉, 2018. 9. 13.

"집도 없는데… 결혼·출산 포기했어요", 〈매일경제〉 2018. 8. 27.

"혜화역 시위 모인 여성 6만 명 '불꽃같은 우리가 사회를 바꾼다'", 〈여성신문〉 2018. 7. 8.

"'결혼하면 자진 퇴사한다' 여직원 각서 쓰게 한 새마을금고", 〈국민일보〉 2017. 12. 28.

"'그 분노는 누굴 향한 것인가?'… 혜화역 시위 참가자에게 물었다", 〈한겨레신문〉, 2018. 8. 9.

"'믿고 기다려 달라' 20조 원대 일자리예산 예고한 당정청… '밑 빠진 독에 물 붓기' 비판 봇물", 〈조선일보〉 2018. 8. 19.

"'부모님 뵐 낯이 없어서…' 취업 안 돼 가출하는 2030", 〈조선일보〉 2018. 2. 6.

"20대 우울증 증가, 왜", 〈파이낸셜뉴스〉, 2018. 2. 7.

Alen S. Blinder, Hard Heads, Soft Hearts, Addison-Wesley Publishing Company, 1987.

Bart Hobijn·Alexander Nussbacher, "The Stimulative effect of Redistribution", FRBSF Economic Letter, 2015-21.

Center on Budget and Policy Priorities, "Summers: Lack of Demand Creates Lack of Supply", Center on Budget and Policy Priorities, 2014.

Centre for Economics and Business Research, World Economic League Table 2018, Centre for Economics and Business Research, 2017.

Cristina Constantinescu, Aaditya Mattoo, and Michele Ruta, "Slow Trade", Finance & Development, vol.51. no.4. IMF, 2014.

Darrell M. West, "Global manufacturing scorecard: How the US compared to 18 other nations", Brookings Institute, 2018.

Department of Defense, "Summary of the 2018 National Defense Strategy of The united States of America", Department of Defense, 2018.

Erich Strassner, "Highlights and Challenge of Measuring Digital Economy", BEA, 2017.

Ian Hathaway·Robert E. Litan "Declining business dynamism in the United States: a look at states and metros", Economic Studies, The Brookings Institution, 2014.

IMF, "More People, More Technology, More Jobs: How to build Inclusive Growth", December 4, 2017.

IMF, "People's Republic of China, 2018 Article IV Consultation Staff Report", IMF, 2018.

IMF, "Republic of Korea: Selected Issues", IMF, 2018.

IMF, "REPUBLIC OF KOREA", Article IV Consultation, 2018.

IMF, "World Economic Outlook, October 2018", IMF, 2018.

J. Pen, "Income Policy in the Netherlands 1959-1963", Scottish Journal of political Economy, 1964.

Mancur L. Olson, The Rise and Decline of Nations, Yale University Press, 1982.

Marc Lavoie·Engelbert Stockhammer, "Wage-led growth: Concept, theories and policies", ILO, 2012.

McAfee, Andrew; Brynjolfsson, Erik. Machine, Platform, Crowd: Harnessing Our Digital Future, W. W. Norton & Company, 2017.

OECD, "Entrepreneurship at a Glance 2016"), 2016.

OECD, "OECD Interim Economic Outlook Projection", 2018.

OECD, "The Long View Scenarios for the World Economy to 2060", 2018.

Office of the United States Trade Representative, "Findings of the Investigation into China's Acts, Policies related to Technology Transfer, Intellectual Property, and Innovation Under Section 301 of the Trade Act of 1974", 2018.

PEW Research Center, Spring 2018 Global Survey, Q3.

Robert J. Gordon, "LVMH's Arnault joins Macron chorus of 'France is back'", The Rise and Fall of American Growth, Princeton, 2018.

Robert Skidelsky, John Maynard Keynes, The Economist As Savior, 1920-1937, Penguin Books, 1992.

Ruchir Sharma, The Rise and Fall of Nations, W. W. Norton & Company, 2016.

Suzanne Berger, Making in America, MIT Press, 2015.

The White House, 'Economic Report of the President 2018', 2018.

U.S. Census Bureau, "Longitudinal Business Database, 1977-2014", 2015.

UNCTAD, "Incomes policies as tools to promote strong, sustainable and balanced growth", September 2011.

United Nations Department of Economics and Socila Affirs, "World Population Prospects: The 2015 Revision".

US Census Bureau, "Income and Poverty in the United States: 2016", 2017.

WHO, "World Health Statistics 2018", 2018.

WTO, "World Trade Statistical Review 2017", 2017.

"A Snag in Donald Trump's Pledge to make America Make Again: Asia", WSJ, November 16, 2016.

"Economist Think the Next U.S. Recession Could Begin in 2020", WSJ, May 10, 2018.

"Economist Think U.S. Unemployment Is Headed to a 50-Year Low", WSJ, July 12, 2018.

"The Budget and Economic Outlook: 2018 to 2028", Congressional Budget Office, 2018.

"The Decline of Germany", Business Week, 2003. 2. 17.

대전환기의 위기와 대응

한국경제, 반전의 조건

초판 1쇄   2018년 12월 15일
초판 2쇄   2019년 1월 15일

지은이   김동원
펴낸이   전호림
책임편집   박병규
마케팅   박종욱 김혜원

펴낸곳   매경출판㈜
등록   2003년 4월 24일(No. 2-3759)
주소   (04557) 서울시 중구 충무로 2(필동1가) 매일경제 별관 2층 매경출판㈜
홈페이지   www.mkbook.co.kr
전화   02)2000-2612(기획편집) 02)2000-2636(마케팅) 02)2000-2606(구입 문의)
팩스   02)2000-2609   **이메일**   publish@mk.co.kr
인쇄 · 제본   ㈜M-print   031)8071-0961
ISBN   979-11-5542-937-2(03320)

이 도서의 국립중앙도서관 출판예정도서목록(CIP)은 서지정보유통지원시스템 홈페이지(http://seoji.nl.go.kr)와
국가자료공동목록시스템(http://www.nl.go.kr/kolisnet)에서 이용하실 수 있습니다.
(CIP제어번호: CIP2018038577)